EDUCAÇÃO MATEMÁTICA
um estado da arte

Benedito Afonso Pinto Junho

PACO EDITORIAL

©2011 Benedito Afonso Pinto Junho
Direitos desta edição adquiridos pela Paco Editorial. Nenhuma parte desta obra pode ser apropriada e estocada em sistema de banco de dados ou processo similar, em qualquer forma ou meio, seja eletrônico, de fotocópia, gravação, etc., sem a permissão da editora e/ou autor.

J9591 Junho, Benedito Afonso Pinto
Educação Matemática: um estado da arte/Benedito Afonso Pinto Junho. Jundiaí, Paco Editorial: 2011.

144 p. Inclui bibliografia. Inclui tabelas e quadros.

ISBN: 978-85-64367-81-4

1. Educação 2. Matemática 3. Produção de Pesquisas 4. Ensino Superior.
I. Pinto, Benedito Afonso.

CDD: 510

Índices para catálogo sistemático:

1. Educação Superior: Colégios e Universidades - Ensino Universitário	378
2. Matemática	510
3. Estudo de acaso - pesquisa	001.432

IMPRESSO NO BRASIL
PRINTED IN BRAZIL

Rua 23 de Maio, 542 - Piso Superior
Vianelo - Jundiaí-SP - 13207-070
11 4521-6315 | 2449-0740
contato@editorialpaco.com.br

À minha esposa Rita de Cássia Carvalho Junho, pelo incentivo, pelo companheirismo, por ter tolerado meus maus momentos e ter me ajudado a ir em frente, apesar de todos os meus medos. O meu agradecimento, do fundo do coração, à Camila Carvalho Junho, pela jovialidade e pela alegria com que me ajudou a atravessar os obstáculos, fazendo-me rir de meus temores. A ela o beijo agradecido deste pai que a adora. Dedico também este livro a meu filho Gabriel Carvalho Junho, prova de que, a todo momento, nos são dadas situações que se caracterizam pelo contínuo florescimento.

Agradeço

A Deus, que me deu forças e me amparou ao longo da realização desta obra.

À professora dra. Sílvia Dias Alcântara Machado, mais do que orientadora, apontou-me caminhos e dissipou as dúvidas, transformando um sonho que parecia distante numa encantadora realidade.

Aos professores do Programa de Estudos Pós-Graduados em Educação Matemática da Pontifícia Universidade Católica de São Paulo – em especial aos professores doutores Ana Paula Jahn e Wagner Valente, com quem aprendi a valorizar a competência, a paciência e o respeito.

Aos meus pais, Paulo Junho e Tereza Pinto Junho, de saudosas memórias, pela vida que me deram e pela educação em que me forjaram, uma vez que pude caminhar por veredas seguras em busca dos meus ideais.

Ao meu irmão Dalmo Pinto Junho, in memoriam, que traz à minha vida a lembrança, a maturidade da nossa história, da nossa luta familiar; registro-lhe as minhas saudades.

Aos meus irmãos Rosângela, Adelmo, Celina, e à tia Tereza, que, em todos os momentos, estiveram ao meu lado, apoiando-me e incentivando. Registro, aqui, a minha gratidão e amizade.

Aos meus sobrinhos Wellington, Karina, Matheus, Gustavo e Maria Júlia, que foram coragem, sensibilidade, força e equilíbrio, além de terem compreendido e respeitado os meus momentos de estudo.

Aos meus cunhados Adriano, Zezé Camilo, Isabela e Fátima, que tão bem souberam compreender meu distanciamento durante meu tempo de luta.

À Jorgina, pelo carinho e dedicação com que cuidou de minha família durante minhas ausências.

A Antônio Luiz Ribeiro, pela amizade dedicada a minha família.

Às companheiras de pesquisas matemáticas, professoras Aparecida Rodrigues Silva Duarte e Rosimeire Aparecida Soares Borges.

À professora dra. Andréa Silva Domingues, pelo incentivo à publicação da obra.

A todos os professores, acadêmicos e colaboradores que integram a Universidade do Vale do Sapucaí – nominalmente ao professor Benedito Sinval Caputo da Costa (presidente da Fundação de Ensino Superior do Vale do Sapucaí).

A todos os professores, alunos e colaboradores que integram o Colégio São José (Pouso Alegre, MG) – nominalmente ao professor Giovanni Marques Santos (diretor).

Enfim, a todos aqueles que direta ou indiretamente contribuíram para que este trabalho se tornasse uma realidade.

O autor

"Não nasci marcado para ser um professor assim (como sou). Vim me tornando desta forma no corpo das tramas, na reflexão sobre a ação, na observação atenta a outras práticas, na leitura persistente e crítica. Ninguém nasce feito. Vamos nos fazendo aos poucos, na prática social de que tomamos parte."

Paulo Freire

Prefácio

Há uma fragilidade no ensino brasileiro em geral – e especificamente em matemática – que precisa ser revertida, para promover o desenvolvimento de um país em que todo brasileiro exerça a cidadania. Para tanto, ele deve se sentir incluído na sociedade por meio de sua instrução, trabalho e participação democrática.

Cada vez mais se torna patente a importância de conhecimentos matemáticos para a inclusão do brasileiro nas diversas profissões, principalmente naquelas que exigem diploma do ensino superior.

Dessa forma, é inegável a relevância de pesquisas sobre a Educação Matemática que venham a contribuir para a melhoria do ensino e da aprendizagem de matemática, principalmente em nosso país, devido aos problemas que nossos alunos sofrem, denunciados pelo resultado de avaliações institucionais, nacionais e internacionais de todos os níveis de ensino.

Por outro lado, dada a crescente produção em Educação Matemática, é necessário, de tempos em tempos, avaliarmos o "estado da arte" dessas pesquisas para estabelecermos o já conhecido e o que é necessário se conhecer a partir daquilo.

O presente livro vem colaborar tanto para a divulgação de pesquisas realizadas por mestrandos sobre a Educação Matemática no ensino superior, como apresentar uma caracterização dessas pesquisas.

Temos certeza de que os aportes do texto serão de grande valia, tanto para se trazer à luz o conhecimento construído, quanto para indicar o que falta pesquisar e os novos caminhos a trilhar.

Acreditamos que a leitura do livro proporcionará revelações e reflexões importantes para todos os interessados no ensino de matemática no nível superior.

Boa leitura!
Profa. Dra. Sílvia Dias Alcântara Machado (PUC/SP)

Sumário

CAPÍTULO 1
CONSIDERAÇÕES TEÓRICO-METODOLÓGICAS....13
1. Introdução, problemática, objetivo e procedimentos......13
2. Caracterização do Programa..................16
3. Quadro teórico..................22
   3.1. Mogens Niss..................22
   3.2. Thomas A. Romberg..................28

CAPÍTULO 2
ANÁLISE DAS DISSERTAÇÕES..................33
Considerações iniciais das análises..................33
1. "Espaço e representação gráfica: visualização e interpretação" (CAVALCA, Antonio de Pádua Vilella)......37
   Fichamento da dissertação..................37
   Análise da dissertação..................41
2. "Conceito de função: uma abordagem do processo de ensino-aprendizagem" (OLIVEIRA, Nanci de)..........46
   Fichamento da dissertação..................46
   Análise da dissertação..................51
3. "Ensino de algoritmos em cursos de computação" (BARBOSA, Lisbete Madsen)..................55
   Fichamento da dissertação..................55
   Análise da dissertação..................58
4. "A impregnação do sentido cotidiano de termos geométricos no ensino/aprendizagem da geometria analítica" (MUNHOZ, Marcos)..................63
   Fichamento da dissertação..................63
   Análise da dissertação..................68
5. "Ensino-aprendizagem da álgebra linear: as pesquisas brasileiras na década de 90" (CELESTINO, Marcos Roberto)..................72

Fichamento da dissertação..72
Análise da dissertação...76
6. "Formação de professores de matemática:
realidade presente e perspectivas futuras" (CURI, Edda)..81
Fichamento da dissertação..81
Análise da dissertação...84
7. "Conceito de derivada: uma proposta para
o seu ensino e aprendizagem" (DALL'ANESE, Claudio)...88
Fichamento da dissertação..88
Análize da dissertação...91
8. "Ensino e aprendizagem da geometria analítica:
as pesquisas brasileiras da década de 90"
(DI PINTO, Marco Antonio)...96
Fichamento da dissertação..96
Análise da dissertação...100
9. "Probabilidade condicional:
um enfoque de seu ensino-aprendizagem"
(FIGUEIREDO, Auriluci de Carvalho).........................105
Fichamento da dissertação..105
Análise da dissertação...110
10. "Novas tecnologias no ensino do conceito de
limite de função" (SARAIVA, Ronaldo Penna)..............116
Fichamento da dissertação..116
Análise da dissertação...120

CAPÍTULO 3
CONSIDERAÇÕES FINAIS..125

REFERÊNCIAS..139

CAPÍTULO 1

CONSIDERAÇÕES TEÓRICO-METODOLÓGICAS

1. Introdução, problemática, objetivo e procedimentos

No ano 2000, dado o volume de dissertações já produzidas, bem como o aumento do número de professores pesquisadores do Programa de Estudos Pós-Graduados em Educação Matemática, doravante chamado de Programa, percebeu-se a necessidade de se fazer um "balanço" da produção dos alunos do Programa, via análise de suas dissertações. O colegiado, então, solicitou à professora Sílvia Machado que fizesse um "estado da arte" da produção discente até aquele momento.

Um estado da arte é um mapa que nos permite continuar caminhando, um estado da arte é também uma possibilidade de alinhavar (compor) discursos que a primeira vista se apresentam como descontínuos, ou contraditórios. Em um estado da arte está presente a possibilidade de contribuir para uma certa teoria e prática (MESSINA, 1999).

Com a incumbência recebida do colegiado do Programa, Sílvia Machado reuniu um grupo de quatro alunos do mestrado, dentre os quais fui incluído, que iriam, sob sua orientação, realizar estudos das dissertações.

Após discussões entre os membros do grupo, ficou acordado que dividiríamos as 37 dissertações em lotes que seriam compostos de acordo com os três "níveis" de ensino: ensino fundamental, ensino médio e ensino superior; sendo que, do total de 37 dissertações defendidas até o final de 2000, quase metade versava sobre assuntos do ensino fundamental. Pelo fato de ser professor do ensino superior, interessei-me em analisar as dissertações desse nível; dois colegas se encarregaram das dissertações sobre nível fundamental e outro das dissertações sobre o nível médio.

Dentre as diversas pesquisas sobre o estado da arte que estudamos, a de Mogens Niss (1999), intitulada *Aspectos da natureza e estado da pesquisa em Educação Matemática*[1], inspirou-me com suas questões. Como o próprio título indica, nesse artigo, Niss procura caracterizar a pesquisa em Educação Matemática por meio de uma visão de sua natureza e estado. As questões que orientaram o estado da arte feito por Niss foram:

> Quais os tópicos e questões de pesquisa em Didática da Matemática, quais suas metodologias, e que tipos de resultados ou descobertas ela oferece? (1999, p. 2).

Essas questões propostas por Niss me instigaram a analisar as dissertações que a mim couberam, buscando respostas para quais tipos de metodologia foram utilizados e para quais objetivos.

Dessa feita, a intenção deste livro é apresentar um levantamento das dissertações em Educação Matemática no ensino superior elaboradas entre 1994 e 2000 inclusive, institucionalizadas pelo Programa de Estudos Pós-Graduados em Educação Matemática da Pontifícia Universidade Católica de São Paulo, além de analisá-las e categorizá-las quanto aos tópicos abordados e metodologias utilizadas.

Embora minha intenção seja enfocar, principalmente, a metodologia utilizada pelos autores das dissertações em questão, esse procedimento só se torna possível levando-se em conta o objetivo pretendido pelos pesquisadores envolvidos neste trabalho, posto que metodologia e objetivo encon-

---

[1]Título original: *Aspects of the Nature and State of Research in Mathematics Educations.*

tram-se intimamente interligados. Segundo Romberg (1992, p. 51), fatores como a intenção do investigador, suas suposições, conjecturas, a disponibilidade de informação e métodos não se encontram, na prática, totalmente separados. Dessa forma, neste livro, quando se fez necessário, busquei auxílio em outras atividades que compõem uma pesquisa científica.

Num primeiro momento, procedi à coleta das dissertações institucionalizadas pelo Programa de Estudos Pós-Graduados em Educação Matemática da PUC-SP, relacionando-as por autor, ano de defesa, título e assunto.

Após a coleta das dissertações, verifiquei que a década de 90 se destacou dentre as demais, uma vez que o ano de 1994 marcou o surgimento das primeiras dissertações sobre Educação Matemática no Programa. Decidi, ainda, que as análises a serem realizadas se estenderiam até o ano 2000.

Em seguida, agrupei as dissertações em três blocos, de acordo com os seguintes níveis de ensino: superior, médio e fundamental. Ainda assim, o ensino fundamental foi subdividido, pois foi observado que este apresentava um número maior de dissertações em relação aos demais níveis. Dividi as dissertações em quatro lotes: ensino superior (dez dissertações), ensino médio (dez dissertações), ensino fundamental de 1994 até 1997 (oito dissertações) e ensino fundamental de 1998 até 2000 (nove dissertações).

Cada um dos quatro participantes do grupo se encarregou de um dos blocos, sendo que a escolha dos conjuntos das obras se deu por consenso entre os membros do grupo, de acordo com sua maior experiência docente. Coube a mim o lote relativo ao ensino superior, posto que venho atuando em tal nível há mais de vinte anos.

Para compreender as características de um estado da arte, iniciei a análise de diferentes artigos sobre o assunto que, após serem fichados, eram discutidos no grupo. Assim, apropriei-me de diferentes procedimentos metodológicos utilizados pelos autores e, ao mesmo tempo, pude conhecer melhor o estado da arte das pesquisas sobre Educação Matemática tanto no Brasil como no exterior.

Dentre as pesquisas sobre estado da arte lidas e discutidas em grupo, encontramos: *Ensino-aprendizagem da Álgebra Linear: As pesquisas brasileiras na década de 90*, de Marcos Roberto Celestino (2000); *Mapeamento e balanço dos trabalhos do GT-19 (Grupo de Trabalho da ANPED - Educação Matemática) no período de 1998 a 2001*, de Dario Fiorentini (2002), que contribuiu para contextualização da produção do Programa na Educação Matemática Brasileira; *Aspects of the Nature and State of Research in Mathematics Education*[2], de Mogens Niss (1999), importante tanto por servir de modelo de estado da arte na área, quanto por suas questões de pesquisa; *The Aims of Research*[3], de Gilah C. Leder (1998), que contribuiu para a compreensão da íntima correspondência entre metodologia e objetivo de pesquisa; e *A glance over the evolution of research in Mathematics Education*[4], de Josette Adda (1998), que, conforme o próprio título indica, apresenta o conceito de evolução em pesquisa e contribui como modelo de avaliação dessa evolução de pesquisas.

2. Caracterização do Programa

Em 1975, a PUC-SP deu início ao seu Programa de Estudos Pós-Graduados em Matemática, sob a coordenação do professor dr. Fernando Furquim de Almeida. A partir da década de 80, alguns professores do departamento de matemática passaram a desenvolver pesquisas em Educação Matemática, vindo a participar, em 1987, do I ENEM (Encontro

---

[2]*Aspectos da natureza e estado da pesquisa em Educação Matemática* (tradução do autor).
[3]*O objetivo da pesquisa* (tradução do autor).
[4]*Um olhar sobre a evolução da pesquisa em Educação Matemática* (tradução do autor).

Nacional de Educação Matemática) organizado pela PUC-SP, onde foi sediado. Nesse mesmo ano, surgiu a SBEM (Sociedade Brasileira de Educação Matemática).

Em 1989, foi criada a área de concentração em ensino de matemática no mesmo Programa, que se estendeu até 1993. Na descrição da proposta do curso, constante dos relatórios CAPES dessa época, menciona-se que o curso visava "uma sólida formação dos alunos nos assuntos básicos de matemática". A essa época, o aluno cursava quatro matérias de matemática – álgebra linear, álgebra, análise do R^n e espaços projetivos –, após o que fazia três disciplinas na área de concentração escolhida. No que tange à área de Educação Matemática, as três disciplinas versavam sobre a didática da matemática – principalmente a de origem francesa.

Havia somente três professores que atuavam na área de Educação Matemática desde 1990. Eram eles os doutores Benedito Castrucci, Tânia Campos e Sílvia Machado. O pouco número de professores era suprido pela participação de pesquisadores renomados tanto do Brasil – como Cláudia Davis, Joel Martins, Ubiratan D'Ambrósio –, quanto do exterior – como Regine Douady, Michèle Artigue, Jean Luc Dorier, Terezinha Nunes, Nicolas Balacheff, Rosemund Sutherland, etc.

A área de ensino da matemática contava somente com uma linha de pesquisa de mesmo nome: Linha do Ensino de Matemática. A partir dessa linha foram desenvolvidos três projetos de pesquisa, a saber: *Sobre o ensino/aprendizagem da Álgebra Linear*, de Sílvia Machado e Tânia Campos; *O papel da pesquisa na formação do professor*, de Tânia Campos (em colaboração com Beatriz D'Ambrósio, da Universidade Americana); e *Construção de uma sequência didática para geometria da sétima e oitava séries*, de Benedito Castrucci e Sílvia Machado.

Após algum tempo, a área de ensino de matemática conquistou mais dois professores do Programa: Sonia Igliori e Benedito Antônio da Silva.

A partir de 1994, a área de concentração se tornou hegemônica e o Programa passou a se denominar Programa de Estudos Pós-Graduados em Ensino de Matemática, o qual, por sua vez, recebeu nova denominação, em 1998, quando passou a se chamar Programa de Estudos Pós-Graduados em Educação Matemática – nome que preserva até hoje.

Em 1994, além dos doutores Benedito Castrucci, Benedito Silva, Sílvia Machado, Sonia Igliori e Tânia Campos, o Programa passou a contar com a participação dos doutores em Educação Matemática, Saddo Ag Almouloud e Sandra Magina. Nesse ano, Marie Jeanne Perrin deu um curso, como professora visitante.

O relatório (referente ao ano de 1994) elaborado pelo Programa e enviado à CAPES estampava a seguinte proposta de curso: preparar professores pesquisadores capazes de equilibrar uma sólida formação em assuntos básicos de matemática com conhecimentos de ciências humanas e sociais que, por sua vez, se integrasse à massa crítica da área, contribuindo para as modificações necessárias às melhorias do ensino e aprendizagem de matemática.

Para atingir o perfil declarado, o curso exigia que o aluno cursasse quatro matérias de matemática (álgebra linear, álgebra, análise e geometria) e três matérias didáticas (seminários A, B, C).

Percebe-se que, apesar de o perfil do mestrando ter sofrido alteração, a formação permaneceu a mesma do antigo aluno da área de ensino da matemática.

Assim, embora não tenha havido, aparentemente, uma transformação estrutural, tal mudança se refletiu pela incorporação de doutores em Educação Matemática – um da linha francesa, Saddo Ag Almouloud, e outro vindo da área de psicologia, com formação no Instituto de Educação de Londres. Tais docentes, além de terem se incorporado aos projetos de pesquisa existentes, bem como criado outros, passaram a ministrar: o primeiro, o curso de Didática da Matemática, e o segundo, as Teorias da Aprendizagem.

Foram criadas duas linhas de pesquisa: *Ensino/aprendizagem de Matemática* e *Informática na Educação Matemática*. Os projetos: *Sobre o ensino/aprendizagem da Álgebra Linear* (de Sílvia Machado e Tânia Campos) e *O papel da pesquisa na formação do professor* (de Tânia Campos em colaboração com Beatriz D'Ambrósio, da Universidade Americana) migraram para a primeira linha, e *Construção de uma seqüência didática para geometria da sétima e oitava séries*, de Benedito Castrucci e Sílvia Machado, foi para a segunda linha, que passou a contar também com os seguintes projetos: *Manipulação de dados*, de Sandra Magina; *Modelização do aluno dentro do meio informático*, de Saddo Ag Almouloud; e *Criação de grade de análise de softwares educativos*, de Sílvia Machado e Saddo Ag Almouloud, em colaboração com Gilda Campos, da Coppe (Instituto Alberto Luiz Coimbra de Pós-Graduação e Pesquisa de Engenharia) do Rio de Janeiro.

De 1994 a 1997 o Programa continuou com a mesma proposta, sofrendo modificações somente em seu colegiado e linhas de pesquisa.

Em 1995, o Programa, além dos cursos curriculares, contou com dois cursos ministrados por professores visitantes: Evelyne Barbin – sobre *História e Epistemologia da Geometria* – e Marc Rogalski – sobre *Ensino e aprendizagem de Geometria Analítica*. Além disso, Saddo Ag Almouloud substituiu Sílvia Machado no projeto *Construção de uma seqüência didática para geometria da sétima e oitava séries*.

Em 1996, o Programa incorporou ao seu colegiado as doutoras em Educação Matemática: Maria Célia Carolino e Anna Franchi. O projeto *Espaço e forma – a construção de noções geométricas pelas crianças das quatro séries iniciais do Ensino Fundamental*, coordenado por Tânia Campos, veio enriquecer a linha de pesquisa *Ensino/aprendizagem de Matemática*, que ficou com três projetos, e o projeto *Computadores e Educação Matemática*, de Tânia Campos e Sandra Magina, ficou alocado na linha *Informática na Educação Matemática*, que passou a somar quatro projetos.

Em 1997, o Programa passou a contar com a colaboração de Maria Cristina S. de Albuquerque Maranhão, doutora em psicologia da educação, e a grande mudança foi na organização das linhas de pesquisa, que passaram a se chamar: *A Matemática na Estrutura Curricular e formação de professores* – de agora em diante denominada linha 1; *Epistemologia e Didática da Matemática*, linha 2; e *Tecnologias da Informação e Educação Matemática*, linha 3. Com essa nova organização das linhas, preservaram-se apenas dois projetos dos sete anteriores. Na linha 1 havia sete projetos: 1- *Espaço e forma*, de Tânia Campos; 2- *Educação continuada de professores de matemática*, de Tânia Campos e Maria Célia Carolino; 3- Estudo *do desenvolvimento das estruturas aditivas e multiplicativas*, de Anna Franchi; 4- *Estudo do pensamento geométrico nas séries iniciais*, de Saddo Ag Almouloud; 5- *Formação de professores e Didática da Matemática*, de Tânia Campos e Sandra Magina; 6- *Operações*, de Célia Carolino, Sandra Magina e Tânia Campos; 7- *"Ensinar é construir"*, de Tânia Campos e Sandra Magina. Na linha 2, o único projeto alocado era *Ensino e aprendizagem de Geometria Analítica e Álgebra Linear*, ao passo que, na linha 3, havia quatro projetos, quais sejam: 1- *Computadores e Educação Matemática*, de Tânia Campos e Sandra Magina; 2- *Ensino de análise*, de Benedito Silva e Sonia Igliori; 3- *Interpretação de gráficos e diagramas*, de Sandra Magina; e 4- *Uso do Cabri na resolução de equações*, de Saddo Ag Almouloud.

Em 1998, preservou-se, da proposta do curso, o perfil do mestrando, embora tenha havido mudanças na grade curricular. Os alunos deveriam cursar as seguintes matérias: Didática I e II, Fundamentos da Didática da Matemática, Metodologia de Pesquisa, Teorias da Aprendizagem, Atividade programada, e uma eletiva. Portanto, verifica-se uma grande mudança na formação, pois as quatro matérias de matemática propriamente ditas foram substituídas por matérias de Educação. O professor Benedito Castrucci encerrou suas atividades no programa, que ficou então com somente nove dos 10 professores, e a professora Circe Mary Dynnikov ministrou um curso de História da Geometria Analítica. As linhas de pesquisa permaneceram as mesmas do ano anterior: dos sete projetos da linha 1, cinco foram concluídos, restando somente: 1- *Espaço e forma*, de Tânia Campos; e 2- *Estudo do pensamento geométrico nas séries iniciais*, de Saddo Ag Almouloud. A linha 2 permaneceu inalterada e, dos quatro projetos da linha 3, dois foram concluídos, restando apenas: 1- *Computadores e Educação Matemática*, de Tânia Campos e Sandra Magina; 2 - *Interpretação de gráficos e diagramas*, de Sandra Magina.

Em 1999, a grade curricular foi mantida, porém o relatório CAPES passou a informar que o curso pretendia formar "[...] profissionais capacitados para o ensino da matemática nos diversos graus de ensino, bem como pesquisadores na área de Educação Matemática. Entende-se que cabe a esse pesquisador desvendar os diversos fenômenos que interferem no ensino/aprendizagem da matemática, criando um conjunto de conhecimentos que possam subsidiar o professor em sua prática de sala de aula, o que ocorre até os dias de hoje". O exposto permite afirmar que não se pretendia mais dar uma "sólida formação em matemática", mas sim formar professor e pesquisador em Educação Matemática.

Nesse ano aconteceram algumas alterações nas linhas de pesquisa, quais sejam: na linha 1, um projeto foi concluído e dois novos foram agregados: 1- *Espaço e forma*, de Tânia Campos; 2- *Pró-ciências*, de Tânia Campos; 3- *Estudo dos fenômenos do ensino da Geometria*, de Saddo Ag Almouloud e Tânia Campos. A linha 2 ficou com dois projetos: 1- *Ensino e aprendizagem de Geometria Analítica e Álgebra Linear*, de Sílvia Machado; e 2- *Análise comparativa de conceitos de Douady e Duval*, de Sonia Igliori, Benedito Silva, Sílvia Machado e M. Cristina Maranhão. A linha 3 ficou com: 1- "*En-*

sino da Análise", de Sonia Igliori; 2- *Interpretação de gráficos e diagramas*, de Sandra Magina; e 3- *O uso da calculadora TI92 no Ensino de Cálculo*.

No ano 2000, o Programa passou a contar com a colaboração dos professores Wagner Rodrigues Valente, doutor em Filosofia da Educação, e Ana Paula Jahn, doutora em Educação Matemática. Nesse ano, o Programa também ofereceu um curso sobre a *Teoria dos Registros de Representação Semiótica*, ministrado pelo próprio autor, Raymond Duval. Durante todo o período relatado neste resumo histórico, os alunos tinham quatro anos para completar seu mestrado. Assim, eles tiveram oportunidade de frequentar diversos cursos com professores visitantes de outras universidades, bem como conferências proferidas por estudiosos e teóricos de diferentes nacionalidades, focando temas diversos – fato esse que certamente influiu na formação desses alunos.

3. Quadro teórico

3.1. Mogens Niss

Dentre os pesquisadores, Mogens Niss, em seu artigo intitulado *Aspects of the Nature and State of Research in Mathematics Education,* delineou um quadro amplo das pesquisas mundiais em Educação Matemática. Seu intuito era responder à seguinte questão:

> Quais os temas e questões de pesquisa em Didática da Matemática, quais suas metodologias, e que tipos de resultados ou descobertas ela oferece? (NISS, 1999, p. 2).

O autor se propõe, nesse artigo, a caracterizar o campo, do ponto de vista de sua natureza e estado, além de apresentar e discutir algumas de suas principais descobertas.

Niss define o campo de pesquisa em Educação Matemática[5] como aquele formado pelos seguintes componentes:

> Assunto: a Didática da Matemática ou ciência da Educação Matemática é definida como um campo científico de estudo, de pesquisa e desenvolvimento. Visa identificar, caracterizar e entender os fenômenos e processos reais ou potenciais, envolvidos no ensino e aprendizado de Matemática em qualquer nível educacional.
>
> Empenho: Como pretende particularmente compreender tais fenômenos e processos, seus focos, o empenho é descobrir e esclarecer as relações causais e mecanismos.
>
> Abordagens: questiona todos os assuntos pertinentes ao ensino e aprendizagem da Matemática, em qualquer campo cientifico, psicológico, ideológico, ético, político, social, ou outro qualquer, com o intuito de cumprir as tarefas destinadas à Didática da Matemática. Além disso, utiliza considerações, métodos e resultados de outros campos e disciplinas sempre que julgar relevante.
>
> Atividades: a Didática da Matemática compreende diferentes tipos de atividades, desde a pesquisa fundamental teórica e a pesquisa empírica, até da pesquisa aplicada ao desenvolvimento sistemático da prática. (NISS, 1999, p. 5).

Assim, quando Niss evidencia assunto e empenho como componentes, abarca os objetivos das pesquisas desse campo; quando indica abordagens, trata dos referenciais teóricos; e, quanto ao componente atividade, relaciona-se com as metodologias das pesquisas da Educação Matemática.

Outro ponto importante da reflexão apresentada por Niss, nesse artigo, é sobre a natureza dual desse campo de pesquisas – uma descritiva/explicativa e a outra normativa. Os temas

---

[5]Em Niss, os termos Didática da Matemática, Educação Matemática, Ciência da Educação Matemática e outros análogos são usados indistintamente (1999, p. 1).

relativos à primeira se apoiam nas questões: Qual é o caso? E por que é assim? Procuram-se respostas objetivas e neutras a essas questões por meio de dados empíricos, teóricos e análises que não envolvam explicitamente valores e normas. No entanto, isso não significa que não haja, na formulação das hipóteses e escolha de problemas, a influência de normas e valores. Assim, a natureza normativa das pesquisas de campo é complementar à primeira e implica a presença fundamental de valores e normas que apresentam questões do tipo: Qual *deve* ser o caso? E por que *deve* ser assim?

Sobre a dimensão normativa, o autor expressa:

> Para que temas normativos sejam objetos de pesquisa é necessário revelar e explicar os valores implicados, tão honesta e claramente quanto possível e torná-los assunto de um minucioso exame (NISS, 1999, p. 6).

Niss conclui que as duas dimensões do aspecto dual são constituintes essenciais das pesquisas em Educação Matemática, ambas dependentes de análises teóricas e empíricas, embora não se deva confundi-las, uma vez que não são idênticas.

O autor considera que as principais áreas de investigação em Educação Matemática são o ensino e a aprendizagem de matemática. A pesquisa sobre o ensino enfoca problemas pertinentes à organização, transmissão e produção do conhecimento matemático, habilidades, percepção, competências matemáticas, etc. A pesquisa sobre a aprendizagem tem sua atenção voltada aos fatores que influenciam a aquisição do conhecimento pelos alunos, ao que acontece ao redor, com os alunos interessados em adquirir conhecimentos, habilidades, etc. Além disso, como áreas auxiliares de investigação, consideram aspectos da matemática como disciplina, os aspectos cognitivos ou psicológicos e os aspectos do objetivo de currículo e sua implementação.

Após discorrer sobre as áreas de investigação, o autor descreve, de modo simplificado, os objetivos a serem "perseguidos" por um pesquisador em Educação Matemática:

– [...] ser capaz de especificar e caracterizar o aprendizado de matemática desejável ou satisfatório, incluindo as competências matemáticas, e de detectar diferentes categorias de aptidões individuais;

– [...] ser capaz de imaginar, projetar e implementar um ensino de matemática efetivo (incluindo currículos, organização de sala de aula, modelos de estudo e atividades, recursos e materiais etc.), que sirvam para tornar o aprendizado satisfatório e desejável;

– [...] construir e implementar maneiras válidas e confiáveis de detectar e avaliar, sem efeitos colaterais destrutivos, os resultados do ensino e aprendizagem de Matemática (NISS, 1999, p. 8).

O autor considera que indicar e especificar tais objetivos são uma atividade normativa na didática da matemática.

Para que tais objetivos se viabilizem, Niss enumera uma série de "tarefas" teóricas e empíricas a serem consideradas. Em primeiro lugar, aquelas que devem ser identificadas e compreendidas, em termos descritivo e explicativo:

– [...] o papel da Matemática na ciência e na sociedade;

– [...] o que a aprendizagem da Matemática é/pode ser, o que não é, quais suas condições, como ela pode ocorrer, como ela pode ser retardada, detectada e como pode ser influenciada;

– [...] o que acontece (com a aprendizagem) nas abordagens existentes e métodos de ensino da Matemática [...] (NISS, 1999, p. 8).

Além disso, deve-se investigar:

– [...] as relações entre modos de ensino e processos de aprendizagem e seus resultados;

– [...] a influência da bagagem dos professores, educação e crenças em seus ensinos;

– [...] as propriedades e os efeitos dos métodos atuais de avaliação em Educação Matemática, com ênfase na habilidade de fornecer critérios válidos para detectar o que os estudantes sabem, entendem e podem fazer [...];

– [...] modos inovadores de avaliação (NISS, 1999, p. 8).

Segundo o autor, nos últimos anos, as pesquisas em didática da matemática enfocaram o processo de aprendizagem dos estudantes, levando em conta vários fatores como: currículos, tarefas e atividades, materiais e recursos, inclusive livros didáticos e tecnologia da informação, avaliação, relações sociais entre estudantes e professores.

Tais pesquisas trouxeram avanços significativos para a compreensão do processo de ensino e aprendizagem de matemática, uma vez que este se mostra muito complexo e envolve diversos fatores. Como respaldo às suas ideias, Niss (1999) cita diversos autores, como: Tall e Vinner (1981), Vinner e Dreyfus (1989), Vinner (1991), Tall (1992) e Robert (1982) e também Janvier (1985).

Embora o sucesso dos alunos no aprendizado de matemática seja considerado pelos pesquisadores um bom sinal de desempenho, Niss argumenta que essa melhoria seria ainda mais significativa se as falhas no processo fossem previamente diagnosticadas e analisadas. Desse modo, considera que a principal contribuição das pesquisas em Educação

Matemática é diagnosticar e analisar o processo de ensino e aprendizagem, como forma de implementar elementos que tragam modificações satisfatórias.

Niss faz uma reflexão sobre duas das noções importantes da matemática – a prova e a demonstração –, afirmando que existem poucas pesquisas nesse sentido e que os estudantes encontram dificuldades para entendê-las, uma vez que, para eles, é suficiente a evidência empírica. Segundo o teórico, nas décadas de 80 e 90, pouco se estudou sobre esse assunto. No entanto, observa-se um crescente aumento de interesse por este tema.

Além disso, cita o papel e o impacto da tecnologia da informação no ensino e aprendizagem da matemática. Pesquisas em tal área revelam que o próprio sistema computacional se torna um obstáculo para o aprendizado, pois pode distrair o estudante que, preocupado em compreender as propriedades do sistema, acaba não dando atenção ao aprendizado da matemática propriamente dito.

Concluindo, Niss selecionou alguns temas de potencial interesse para os pesquisadores como: a questão de um sólido conhecimento de matemática não ser garantia de habilidade na resolução de problemas não usuais – por exemplo, resolução de problemas matemáticos não rotineiros, em contextos complexos e até fora do contexto matemático; ou seja, não há uma transferência automática da teoria para a prática. Ele completa afirmando que há evidências de que, para que isso aconteça, é necessário que os objetos sejam realçados no ensino-aprendizagem. Outra questão levantada por Niss é a da avaliação em matemática.

Para ele, existem muitos modos e instrumentos de avaliação da aprendizagem matemática, mas estes se apresentam, algumas vezes, falhos, por não conseguirem fazer com que os estudantes conheçam, compreendam e aperfeiçoem sua visão e habilidades a respeito do assunto tratado.

3.2. Thomas A. Romberg

"Perspectives on scholarship and research methods"[6] é o terceiro capítulo, escrito por Thomas A. Romberg, do livro *Handbook of research on mathematics teaching and learning*[7]. Em tal publicação, o autor discute quais as atividades essenciais envolvidas no processo de pesquisa. Para Romberg, fazer pesquisa envolve mais as características de uma arte do que as de uma disciplina puramente técnica, isto é, não é um trabalho mecânico, contendo apenas atividades predeterminadas.

Romberg apresenta algumas atividades de pesquisa com o objetivo de:

— Realçar alguns dos problemas comuns que pessoas não familiarizadas com pesquisa enfrentam para compreender o processo de pesquisa.

— Fornecer um contexto para discussão das tendências de pesquisa (ROMBERG, 1992, p. 51).

O autor descreve as atividades de pesquisa em ordem sequencial, embora ressalte que, na prática, elas não se encontram separadas e organizadas dessa forma, e que o importante a analisar é como tais atividades de pesquisa se relacionam. Assim o teórico resume tais atividades:

---

[6]Tradução: *Perspectivas acadêmicas e seus métodos de pesquisa.*
[7]Tradução: *Manual de pesquisa no ensino e aprendizagem da matemática.*

gráfico I

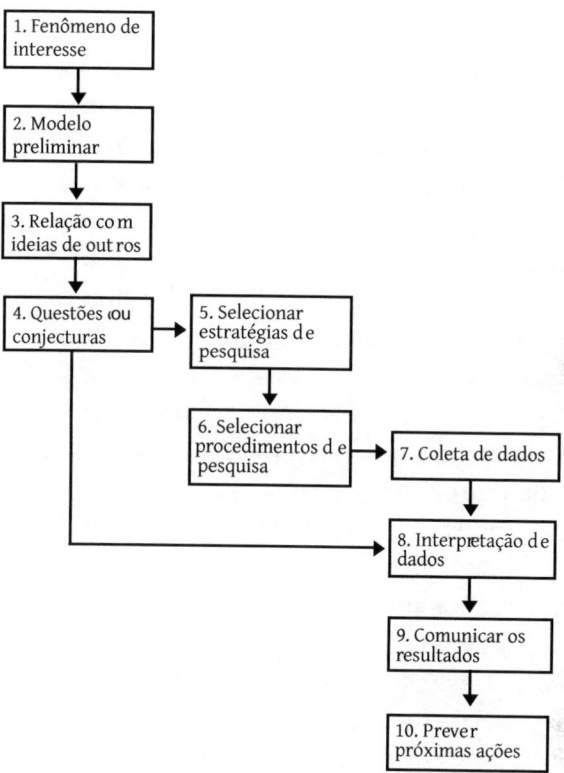

Segundo Romberg, as quatro primeiras atividades são as mais importantes. Elas se referem a situações envolvendo um problema particular, de modo a relacioná-las com trabalhos de outros pesquisadores. A partir dessa análise comparativa, o pesquisador decide o que investigar. As próximas duas atividades, quais sejam, a quinta e a sexta atividades, envolvem tomar decisões sobre quais tipos de dados coletar e como isso deve ser feito. O sétimo passo abrange a coleta de dados. Finalmente, da oitava à décima atividade, apresenta-se o significado dos dados coletados e faz-se a comunicação dos resultados à comunidade acadêmica.

A primeira atividade de pesquisa, qual seja, conforme as ideias de Romberg: "identificar um fenômeno de interesse", afirma que todo pesquisador começa com uma curiosidade sobre um fenômeno particular do mundo real. Na ciência da Educação Matemática, o fenômeno envolve professores e alunos: a maneira pela qual os alunos aprendem, interagem com a matemática e respondem ao professor; além do modo como os professores planejam a instrução e muitos outros assuntos.

A segunda atividade – "construir um modelo provisório" – salienta que um pesquisador faz conjecturas sobre certos aspectos importantes, como variáveis do fenômeno de interesse, e como esses aspectos estão relacionados. Um modelo é criado para ilustrar as conclusões alcançadas.

A terceira atividade, "relacionar o fenômeno e o modelo a ideias de outros", refere-se à importância em examinar o que outras pessoas pensam sobre o fenômeno de interesse e determinar quando suas ideias podem ser utilizadas para esclarecer, ampliar ou modificar o modelo proposto. E ainda, se alguém vai examinar a contribuição potencial de ideias de outros, essa pessoa deve relacionar tais concepções a uma visão particular de mundo.

Já a quarta atividade de pesquisa denomina-se "fazer questões específicas ou fazer uma conjectura argumentada". Para Romberg, este é um passo-chave no processo de pesquisa, porque, quando alguém examina um fenômeno particular, inevitavelmente surge um número de questões potenciais. Ele ainda ressalta não ser fácil eleger qual questão a se examinar.

Muito mais que simplesmente levantar questões interessantes, os pesquisadores usualmente fazem uma ou mais conjecturas (avaliações argumentadas ou previsões) sobre o que levarão em conta para responder à questão. As conjecturas estão baseadas em algumas relações entre variáveis que caracterizam o fenômeno e em ideias sobre as variáveis-chave e suas relações.

A quinta atividade diz respeito à seleção de uma estratégia de pesquisa geral para coletar dados. Escolhem-se, para a observação, métodos de pesquisa de acordo com as questões selecionadas. Romberg exemplifica:

> Por exemplo, se as questões serão respondidas sobre o passado, a historiografia seria apropriada. Por outro lado, se as questões estão orientadas no presente, pode-se escolher fazer uma observação de um estudo de caso, ou usar uma das muitas outras estratégias de reunião de dados (1992, p. 52).

A sexta atividade informa sobre a seleção dos procedimentos específicos. Para responder às questões específicas que foram levantadas, é necessário coletar dados. Torna-se importante observar técnicas, tais como: selecionar um exemplo, reunir informações (entrevista, questionário, observação e teste), organizar as informações coletadas, entre outras. Deve-se ainda tomar cuidado em selecionar procedimentos que esclareçam essas questões, uma vez que há um grande número de procedimentos específicos para questionamentos distintos.

A sétima atividade trata especificamente da coleta de dados. Uma vez que alguém tenha se decidido a coletar certas informações, os procedimentos para essa coleta podem já ter sido planejados, como é o caso de fazer um mapeamento, ou, durante uma coleta, examinar a cultura de uma sala de aula. Esses procedimentos podem ser expandidos ou tornarem-se mais focados.

A oitava atividade refere-se à "interpretação dos dados coletados", ocasião em que se realiza a análise dessas informações. Romberg estabelece dois grandes grupos de análise, quais sejam: os *qualitativos*, quando o investigador categoriza, organiza e interpreta as informações relevantes sem utilizar números; e os *quantitativos*, quando o pesquisador atribui valores às informações, levando em conta dados estatísticos significativos apropriados. O autor lembra que, geralmente, em uma investigação, reúne-se um número maior de informações: relevantes, irrelevantes e outras ainda, incompreensíveis; afirma, inclusive, que selecionar as informações importantes para responder as questões é uma arte.

Quanto à nona atividade, Romberg comenta sobre a transmissão dos resultados de pesquisa para outros pesquisadores. Ser membro de uma comunidade científica implica a responsabilidade de informar aos outros membros sobre a investigação concluída e refletir sobre seus comentários e críticas. Não devem ser divulgados apenas os métodos e os resultados obtidos, mas também os pressupostos teóricos em que a pesquisa se encontra embasada. Se o pesquisador não esclarecer sua visão de mundo, ou seja, qual sua concepção de ciência, pode ocorrer que seus leitores atribuam significados muito diferentes à interpretação do estudo.

Finalizando, na atividade dez, Romberg defende a importância de se antecipar ações em relação ao estudo realizado. Os pesquisadores devem tentar situar seu estudo em uma cadeia de questões. A pesquisa precisa ser entendida dentro de um contexto histórico, ou seja, o pesquisador deve interessar-se pelo que veio antes e o que acontecerá depois, procurando antecipar ações posteriores. Assim o autor se justifica:

> Membros de uma comunidade científica discutem as idéias uns com os outros, reagindo a cada idéia de outro e sugerindo novos passos, modificações de estudos anteriores, elaborações de procedimentos e assim sucessivamente (ROMBERG, 1992, p. 53).

Cabe também acrescentar que as dez atividades descritas por Romberg variam de acordo com a comunidade acadêmica à qual pertence o pesquisador, pois é esta que define, principalmente, a seu modo, de acordo com seus paradigmas, o tipo de assunto a ser investigado, as metodologias privilegiadas e os teóricos a serem considerados.

CAPÍTULO 2

ANÁLISE DAS DISSERTAÇÕES

Considerações iniciais das análises

Neste capítulo apresento, seguindo uma ordem cronológica, o fichamento e a análise de cada uma das dez dissertações sobre o ensino superior, defendidas entre 1997 e 2000. As análises foram feitas procurando identificar, nos textos, as atividades de pesquisa relatadas pelos autores, seguindo a ordem em que essas aparecem no quadro sugerido por Romberg. Assim, para propiciar uma caracterização das dissertações coletadas, realcei as seguintes atividades, de acordo com os significados, decorrentes de adaptações feitas para adequá-los ao meu propósito:

Atividade – 1

1 - Identificar um fenômeno de interesse. Todo pesquisador começa com uma curiosidade sobre um fenômeno particular do mundo real. Na ciência da educação matemática, o fenômeno envolve professores e alunos: como os alunos aprendem, como o aluno interage com a matemática, como o aluno responde ao professor, como os professores planejam a instrução, e muitos outros assuntos (ROMBERG, 1992, p. 33).

O fenômeno de interesse será identificado nas dissertações, pelo assunto indicado na problemática ou justificativa da obra.

Atividade – 2

2 - Construir um modelo provisório. Um pesquisador faz conjecturas sobre certos aspectos importantes

como variáveis do fenômeno de interesse e como esses aspectos estão relacionados; então ilustram isso em um modelo (ROMBERG, 1992, p. 33).

Esta atividade será analisada segundo a definição acima.

Atividade – 3

3 - Relacionar o fenômeno e o modelo a idéias de outros. Uma importante atividade é examinar o que outras pessoas pensam sobre o fenômeno e determinar quando suas idéias podem ser utilizadas para esclarecer, ampliar ou modificar o modelo proposto (ROMBERG, 1992, p. 33).

Esta atividade foi identificada nos textos, considerando-se tanto a interlocução indicada com pesquisadores do fenômeno, quanto a indicação das teorias que embasaram o estudo feito.

Atividade – 4

4 - Perguntar questões específicas ou fazer uma conjectura argumentada. Este é um passo-chave no processo de pesquisa porque, quando alguém examina um fenômeno particular, inevitavelmente surge um número de questões potenciais. [...] os pesquisadores usualmente fazem uma ou mais conjecturas (avaliações argumentadas ou previsões) sobre o que tomará para responder a questão (ROMBERG, 1992, p. 33).

Para esta quarta atividade, considerei não somente as questões e conjecturas, mas também os objetivos especificados, uma vez que são eles que determinam a metodologia da pesquisa.

Atividade – 5

5 - Selecionar uma estratégia de pesquisa geral para coletar dados. A decisão sobre que métodos usar

segue diretamente das questões selecionadas (ROM-BERG, 1992, p. 34).

Interpretei tal atividade como decorrente da quarta atividade de pesquisa, isto é, decorrente tanto das questões e/ou conjecturas e/ou objetivos declarados.

Atividade – 6

6 - Selecionar procedimentos específicos. Para responder as questões específicas que foram levantadas, deve-se coletar dados. [...] Há um grande número de procedimentos específicos que devem ser seguidos para diferentes tipos de questões (ROMBERG, 1992, p. 34).

Busquei, nos textos examinados, esses procedimentos específicos, mesmo quando não apresentados em item específico, mas ao longo da dissertação.

Atividade – 7

7 - Coleta de informação (ROMBERG, 1992, p. 34).

Esta sétima atividade foi detectada nas dissertações por meio das informações selecionadas para construir argumentos que embasassem as conclusões.

Atividade – 8

8 - Interpretação das informações coletadas. Neste estágio, a pessoa analisa e interpreta a informação que foi coletada (ROMBERG, 1992, p. 35).

Interpretei essa atividade como sendo a conclusão presente na dissertação analisada.

Atividade – 9

9 - Transmissão dos resultados aos outros (ROMBERG, 1992, p. 35).

Considerei que a nona atividade de pesquisa – "transmissão dos resultados aos outros" – já estava consolidada em todas as obras analisadas, pois todos os mestrandos, para obterem seus títulos, apresentaram a uma banca – portanto, a outros membros da comunidade acadêmica –, os resultados de sua investigação, tanto oralmente quanto por meio do texto escrito. Assim, não houve necessidade de se considerar, em cada obra, esta atividade.

Atividade – 10

10 - Antecipar as ações de outros. Diante dos resultados de uma investigação particular, todo acadêmico está interessado no que acontecerá a seguir e pode antecipar ações posteriores [...] Os acadêmicos tentam situar cada estudo em uma cadeia de investigação (ROMBERG, 1992, p. 35).

Evidenciei esta décima atividade de pesquisa por meio das sugestões de pesquisa presentes, em geral, nas considerações finais dos trabalhos, conforme sugere o trecho acima. Entretanto, julguei importante citar também, nesta atividade, as sugestões de ensino que, porventura, houvesse. Isso porque, dado o perfil dos mestrandos, sugerido pelo histórico do Programa, quase todos seriam professores e então é natural imaginar-se que tais autores relevassem as possibilidades de utilização de partes de suas pesquisas em sala de aula.

Assim, inicio a seguir, as análises de cada dissertação, precedidas pelos fichamentos que serviram de "guias" para cada julgamento elaborado.

1. "Espaço e representação gráfica: visualização e interpretação" (CAVALCA, Antonio de Pádua Vilella)

Fichamento da dissertação

Autor: Antonio de Pádua Vilella Cavalca
Ano da defesa: 1997
Números de páginas: 169
Orientadora: Sílvia Dias Alcântara Machado

Resumo:

A passagem da Geometria plana para a Geometria espacial apresenta dificuldades para muitos alunos, que não conseguem relacionar adequadamente objetos tridimensionais, cujo significado está no espaço, com suas representações gráficas, que estão no plano. Bishop sugeriu, no seu artigo "Space and Geometry", que, para superar essas dificuldades, é preciso desenvolver duas habilidades básicas: interpretação de informação figurativa e processamento visual de problemas. Elaboramos, então, uma seqüência didática visando ao desenvolvimento dessas capacidades e a aplicamos a um grupo de alunos do terceiro grau. Tal seqüência se baseou na abordagem da representação gráfica como um objeto e não apenas como uma ferramenta, no apoio de material concreto e na freqüente mudança de registros (gráfico e lingüístico). Os resultados obtidos permitiram concluir que os alunos observados passaram a relacionar espaço tridimensional e sua representação gráfica plana de maneira significativamente mais apropriada, através do desenvolvimento das habilidades básicas citadas.

Objetivo:

Criar uma sequência didática com situações que favorecessem o desenvolvimento das capacidades de interpretar e fazer representações gráficas planas de objetos do espaço, e de resolver problemas utilizando processos apoiados na visualização (p. 23).

Metodologia:

[...] estudamos, então, diversos aspectos (histórico, didático, epistemológico) da questão (p. 1).
[...] seguimos alguns princípios da engenharia didática, tal como Artigue [...] a apresenta (p. 38).

A engenharia didática, vista como metodologia de pesquisa, se caracteriza, em primeiro lugar, por um esquema experimental baseado sobre "realizações didáticas" em classe, isto é, sobre a concepção, a realização, a observação e a análise de seqüências de ensino.

[...] nós distinguiremos, nesse processo, quatro fases: a fase 1, das análises preliminares; a fase 2, da concepção e da análise *a priori* das situações didáticas da engenharia; a fase 3, da experimentação; e, enfim, a fase 4, da análise *a posteriori* e da avaliação.

[...] é sobre a confrontação de duas análises — análise *a priori* e análise *a posteriori* — que se funda essencialmente a validação das hipóteses assumidas na pesquisa (CAVALCA, 1997, p. 38).

Fundamentação teórica:

Para elaborar a seqüência didática e analisar seus resultados, apoiamo-nos nos trabalhos de diversos autores, que passamos a apresentar (p. 25).

- Alan Bishop — sobre habilidades espaciais IFI e VP[1] (1983, pp. 32-34).

---

[1] IFI: Habilidade para interpretação figurativa; VP: Habilidade para o processamento visual.

- L. Carlos Pais — sobre configurações geométricas (p. 25).
- Piaget — sobre as diferentes ações que geram diferentes modos de pensar e agir (p. 25).
- Boudarel — e outros sobre micro e macro-espaços (pp. 26-27).
- Costa — para o estudo de perspectiva (pp. 27-32).
- Lerouge — sobre contágio de significante e contágio de referência (p. 36).
- Raymond Duval — sobre os tipos de apreensão e registros de representações gráficas (pp. 36-37 e 148).

Palavras-chave:
Não constam.

Conclusão:
[...] esses números, assim como aqueles obtidos ao final de cada sessão, não podem ser tomados como absolutos, mas o conjunto deles indica que houve desenvolvimento significativo das habilidades IFI e VP.

O estudo das representações gráficas como objeto, e não apenas como ferramenta, foi fundamental nesse processo. Através dele os alunos melhoraram razoavelmente a sua maneira de representar, no plano, objetos do espaço (p. 146).

[...] Outro fator importante para que os alunos desenvolvessem suas habilidades IFI e VP foi o uso de material concreto (p. 147).

[...] Ao mesmo tempo em que estudaram a representação gráfica em si mesma e procuraram o sentido espacial de objetos geométricos com a ajuda de material concreto, os alunos buscaram a relação entre essas duas coisas. As situações propostas levaram-nos dos objetos do espaço à representação plana e vice-versa, promovendo a coordenação dos registros gráfico e lingüístico. Essa mudança contínua também lhes deu oportunidades (e eles as aproveitaram) de evoluírem em

IFI e VP, chegando assim a perceber mais claramente a ligação entre espaço e representação plana, em particular no referencial cartesiano.

Podemos também dizer que os alunos passaram a apreender de maneira mais adequada as figuras [...] (p. 148).

Sugestão para pesquisadores:

Segundo Duval (p. 14), há vários tipos de apreensão de uma figura: perceptiva, discursiva, sequencial e operatória. [...] Esse último aspecto, o da demonstração, não fez parte de nosso trabalho. Numa próxima etapa, pensamos que seria interessante pesquisar como favorecer a integração entre as apreensões operatória e discursiva, observando particularmente o papel das habilidades IFI e VP nessa articulação (p. 148).

Referências bibliográficas:

[Das 23 referências constantes da bibliografia, indico, a seguir, apenas aquelas que se referem a autores citados neste fichamento]

ARTIGUE, M. *Ingénierie didactique*. Recherches en Didactique des Mathématiques, vol. 9, n.º 3, p. 281-308, 1988.

BISHOP, A. *Space and Geometry*. Acquisition of mathematics concepts and processes, p. 175 – 203, Academic Press Inc., New York, 1983.

BOUDAREL, J. ; COLMEZ, F. ; PARZYSZ, B. (1987). *"Representation plane des figures de l'espace"*, Cahier de didactique des Mathématiques, n.º 48, IREM, Universidade de Paris VII.

COSTA, M. ; COSTA, A. (1996), *Geometria gráfica tridimensional: 1. Sistemas de representações,* Editora Universitária da UFPE, 3.ª edição, Recife.

DUVAL, R. *As representações gráficas: funcionamento e condições de sua aprendizagem.*

LEROUGE, A. (1992), *"Representation cartésienne rationalité mathématique et rationalité du quotidien chez les élèves de collège"*, tese de doutorado Universidade Montpellier II.

PAIS, L. C. (1994), *"A noção didática de configuração geométrica"*, Revista do LEMA, n.º 4, pp. 6-9, Departamento de Matemática, Universidade de Mato Grosso do Sul.

PIAGET, J. (1961), *Psicologia da inteligência*, Editora Fundo de Cultura, 2.ª edição, Rio de Janeiro.

PIAGET, J. (1987), *Introducción a la epistemología genética. 1. El pensamiento matemático*, Editorial Piados, México.

Análise da dissertação

A dissertação de Antonio Cavalca foi defendida em 1997. Participaram da banca examinadora os professores: Sílvia Dias de Alcântara Machado (orientadora), Maria Cristina S. de Albuquerque Maranhão – ambas da PUC-SP – e Paulo Figueiredo Lima, da UFPE.

O autor relatou que, devido à sua experiência docente superior a 10 anos, constatava que seus alunos sentiam muita dificuldade quando passavam do estudo da geometria analítica plana para o da geometria analítica espacial. Assim, Cavalca indicou o fenômeno particular que o interessava, qual seja, a dificuldade apresentada pelos alunos no estudo da geometria analítica espacial, que, conforme observação de Romberg, é uma das quatro atividades mais importantes do início de uma pesquisa: "identificar um fenômeno de interesse".

O autor traduziu e transcreveu uma observação do livro didático *Algèbre linéaire* de Pham e Dillinger de 1996, que fortaleceu sua hipótese:

Talvez alguns digam que têm dificuldades para "ver no espaço". Certamente se trata de uma maneira de falar, pois de que outro modo vêem? O que querem dizer é que têm dificuldade para reconstituir mentalmente uma figura que é sugerida por um desenho em perspectiva. (p. 20-21).

Complementando essa hipótese, sugeriu que a dificuldade aludida acima estava em relacionar o desenho em perspectiva "no plano" do papel ou quadro-negro com seu significado espacial. Ele ainda comentou que os alunos estavam acostumados a ver essas representações em livros, aulas, revistas, jornais, etc, o que lhe sugeriu as perguntas: como as interpretavam? Como as reproduziam? Que sentido davam a elas?

Durante todo o trabalho, Cavalca se preocupou em relacionar suas ideias às de outros estudiosos do assunto, o que consiste na atividade descrita por Romberg como sendo a terceira.

Para compreender melhor a origem das dificuldades aludidas acima, no Brasil, o autor também se baseou no trabalho de Regina Pavanello, de 1993, quando a citou em:

> [...] o estudo da Geometria passa a ser feito — quando não é eliminado — apenas no segundo grau, com o agravante de que os alunos apresentam uma dificuldade ainda maior em lidar com as figuras geométricas e sua representação porque o Desenho Geométrico é substituído, nos dois graus de ensino, pela Educação Artística (PAVANELLO, 1993 apud CAVALCA, 1997, p. 21-22).

O autor se embasou na teoria de Bishop, no que tange às capacidades básicas para visualização. As duas capacidades básicas são interpretar e fazer representações gráficas planas de objetos do espaço, indicada por IFI, e resolver problemas, utilizando processos apoiados na visualização para a aprendizagem da geometria espacial, indicada por VP.

Cavalca procurou perceber em quais condições ocorria o ensino de geometria no Brasil, identificando, em termos descritivos, que a aprendizagem não só foi retardada em relação a currículos mais antigos, como também que a representação das figuras geométricas feitas anteriormente em desenho geométrico – após a substituição dessa disciplina por educação artística – desapareceram.

Ao interrogar professores de matemática sobre as dificuldades de seus alunos, quando em questão a representação de sólidos, o autor mostrou preocupação na obtenção de mais informações sobre percepções e crenças de outros professores sobre seu tema de pesquisa.

Diante dos problemas descritos, Cavalca conjecturou sobre a possibilidade de desenvolver e/ou ampliar as capacidades de visualização e interpretação de representações espaciais em alunos universitários, evidenciando-se, dessa forma, a quarta atividade de pesquisa descrita por Romberg: "fazer questões específicas ou fazer uma conjectura argumentada".

A partir do questionamento proposto, Cavalca declarou como seu objetivo:

> [...] criar uma seqüência didática com situações que favorecessem o desenvolvimento das capacidades de interpretar e fazer representações gráficas planas de objetos no espaço, e de resolver problemas utilizando processos apoiados na visualização (CAVALCA, 1997, p. 23).

Esse objetivo, segundo declaração explicitada pelo autor: "[...] seguimos alguns princípios da engenharia didática, tal como Artigue [...] a apresenta" (CAVALCA, 1997, p. 38), seria alcançado através de princípios da metodologia de pesquisa chamada engenharia didática:

> A engenharia didática, vista como metodologia de pesquisa, se caracteriza em primeiro lugar por um es-

quema experimental baseado sobre "realizações didáticas" em classe, isto é, sobre a concepção, a realização, a observação e a análise de seqüências de ensino (ARTIGUE apud CAVALCA, 1997, p. 38).

Visto que a questão levantada era, essencialmente, verificar a possibilidade de desenvolver, em alunos universitários, as habilidades de visualização – o que supõe sessões de ensino –, o autor selecionou, como estratégia, a engenharia didática que, conforme teoria apresentada acima, visa exatamente à elaboração de sequências didáticas na consecução de pesquisa. Isso caracterizou o que Romberg indica como quinta atividade de pesquisa: "selecionar estratégias de pesquisa".

Quando Cavalca transcreveu as fases da engenharia didática como descritas por Artigue, apresentou uma seleção dos procedimentos específicos para atingir seu objetivo de pesquisa, etapa essa que Romberg denominou como sexta atividade de pesquisa: "selecionar procedimentos específicos".

> [...] quatro fases: a fase 1, das análises preliminares; a fase 2, da concepção e da análise *a priori* das situações didáticas da engenharia; a fase 3, da experimentação; e, enfim, a fase 4, da análise *a posteriori* e da avaliação (ARTIGUE apud CAVALCA, 1997, p. 38).

Dentre as análises preliminares, após estudo epistemológico sobre a perspectiva, o autor realizou um teste diagnóstico com a turma de estudantes com a qual iria trabalhar a sequência didática. Tal teste teve a finalidade de obter dados mais específicos quanto à dificuldade dos alunos, no que se refere à visualização espacial. A análise dos resultados desse teste auxiliou o mestrando na preparação da sequência didática visada. Além desse procedimento metodológico, o autor entrevistou diversos professores dessa mesma turma, inquirindo, dentre outras questões, sobre quais livros eram utilizados, quais as dificuldades maiores dos alunos e se utilizavam e/ou necessitavam de gráficos para a resolução de problemas.

A segunda fase foi a das análises *a priori*, que possibilitaram a elaboração da sequência. Os dados obtidos em cada uma das sessões serviram também para enriquecer as análises *a priori* das sessões seguintes.

Na terceira fase, da experimentação, aplicaram-se sete sessões da sequência didática ao longo do ano de 1996, sendo a primeira no início de maio e a última no final de novembro. Participaram da experimentação uma média de 20 alunos, que desenvolveram as atividades no período de meia hora a uma hora e meia. O próprio pesquisador dirigiu as sessões, tendo contado com o auxílio de observadores.

Essa terceira fase, que propiciou a coleta de informações, corresponde à sétima atividade de pesquisa descrita por Romberg, como sendo: "coleta de informação".

A quarta fase correspondeu às análises *a posteriori* e à confrontação dos resultados para a validação da pesquisa. Na última fase, Cavalca interpretou as informações coletadas para poder responder sua questão de pesquisa e concluiu que a sequência didática permitiu, aos discentes, desenvolver suas capacidades de interpretar e fazer representações gráficas planas de objetos do espaço; em outras palavras, os estudantes mostraram que conseguiram estabelecer uma relação adequada entre os objetos do espaço e suas representações no plano.

Dessa forma, constitui-se a oitava atividade de pesquisa de Romberg, que prevê, segundo sua descrição, que o pesquisador "analisa e interpreta as informações que foram coletadas".

Finalizando, o autor deixou como "questão em aberto" um estudo sobre a articulação entre apreensão operatória e apreensão discursiva, tomadas no sentido que lhes deu Duval (p. 14), observando particularmente o papel das capacidades de visualização e interpretação de representações espaciais. Tal procedimento corresponde à décima atividade de pesquisa de Romberg, referente à "antecipação da ação de outros pesquisadores".

Cavalca, ao procurar antecipar ações posteriores, revelou novos passos que podem ser seguidos por outros acadêmicos, abrindo, assim, espaço para a discussão de ideias dentro da comunidade científica, proporcionando uma maior reflexão sobre os fenômenos e processos envolvidos no ensino e aprendizagem da matemática.

2. "Conceito de função: uma abordagem do processo de ensino-aprendizagem" (OLIVEIRA, Nanci de)

Fichamento da dissertação

Autora: Nanci de Oliveira
Ano da defesa: 1997
Número de páginas: 137
Orientador: Saddo Ag Almouloud / coorientação: Benedito Antonio da Silva

Resumo:

Motivados pela constatação, através de estudos preliminares (histórico, epistemológicos, da transposição didática do conceito de função), da existência de dificuldades no campo conceitual das funções, pretendíamos elaborar uma seqüência didática para o ensino-aprendizagem do conceito de função. Tomamos por hipótese que é necessário colocar o aluno numa situação a-didática, na qual ele compreenda as noções de correspondência, dependência e variação, e utilize "jogo de quadros" e mudanças de registro de representação para a compreensão do que é uma função. Sendo assim, nosso objetivo era construir situações-problema para fazer avançar as concepções dos alunos sobre o conceito de função, ou seja, para que houvesse uma evolução qualitativa na forma como os alunos concebem tal noção. Após a elaboração e análise *a priori* da seqüência, aplicamo-la em alunos do primeiro ano do curso de Engenharia. A análise *a posteriori* mostrou que atingimos o nosso objetivo com a maior parte dos alunos.

Objetivo:

[...] Elaborar uma seqüência didática para fazer avançar as concepções dos alunos sobre o conceito de função, ou seja, para que haja uma evolução qualitativa na forma como os alunos concebem tal noção (p. 11).

Metodologia:

Nesta pesquisa, faremos um estudo histórico, epistemológico, e da transposição didática do conceito de função, e ainda, a elaboração, aplicação e análise de uma seqüência didática. [...] As características desta metodologia se baseiam em algumas pesquisas francesas. Buscamos, em uma publicação de Michèle Artigue intitulada *"Ingeniería Didáctica en Educación Matemática"* (1995, pp. 33-59), algumas características de nossa metodologia, que seguem.

Nossa pesquisa se caracteriza por um esquema experimental baseado nas "realizações didáticas" em sala de aula, ou seja, na realização, observação e análises de seqüências de ensino. Também se caracteriza pelo registro que é feito durante a aplicação da seqüência de ensino e pelas formas de validação às quais está associada. [...] nossa pesquisa, [...] se baseia [...], no registro dos estudos de caso e (sua) validação, em essência, está baseada no confronto entre as análises *a priori* e *a posteriori* (p. 11).

Fundamentação teórica:

Segundo a autora, seu estudo se apóia nas seguintes teorias da linha francesa da Didática da Matemática:
- **noção de obstáculo**, segundo Guy Brousseau;
- **transposição didática**, segundo Yves Chevellard;
- **dialética "ferramenta-objeto"** e **"jogo de quadros"**, definidos por Régine Douady;
- **noção de contrato didático**, de Guy Brousseau;
- **noção de registros de representação**, de Raymond Duval.

A autora também utiliza as seguintes teorias da Psicologia Cognitiva:
- **processos de assimilação e acomodação**, de acordo com Piaget;
- **teoria dos campos conceituais**, de Vergnaud.

Palavras-chave:
Não constam.

Conclusão:
Transcrição das partes da conclusão que respondem ao objetivo proposto:

A análise, *a posteriori*, de nossa seqüência didática, permitiu que chegássemos às seguintes conclusões, que são indícios de que atingimos o nosso objetivo.

Parece que nossa seqüência didática provocou um avanço nas concepções dos alunos sobre o conceito de função, na medida em que começaram a relacioná-lo com seus aspectos de variação, correspondência e dependência entre variáveis. Muitos identificaram diversas funções entre tabelas, gráficos e expressões algébricas. Eles perceberam que algumas funções podem corresponder a situações da realidade e que podemos utilizar vários registros de representação, entre outros, a tabela, o gráfico ou a fórmula (nos quadros numérico, geométrico e algébrico).

Interpretando esses resultados através da teoria de Vergnaud, os alunos passaram a encarar a função como um campo conceitual, pois, para compreendê-la, trabalharam com vários aspectos, como o de variação, dependência e correspondência, e ainda, utilizaram vários registros de representação simbólica, envolvendo muitas situações da realidade. Além disso, [tal] aquisição parece ser resultado da dialética "ferramenta--objeto" (Douady), na medida em que utilizaram este campo conceitual e alguns registros de representação de função como ferramenta para resolver as situações-problema propostas, passando a vê-las como objeto matemático (p. 131).

Sugestão para o ensino:
Percebemos também a necessidade de reinvestimento, ou seja, de se apresentar aos alunos novas situações-problema, em que apareçam algumas funções e/ou alguns de seus registros de representação (p. 132).

Sugestão para pesquisadores:
Quanto às perspectivas de continuidade do trabalho, sentimos a necessidade de trabalhar alguns aspectos mais detalhadamente, como as noções de domínio e contradomínio, destacando-se a diferença entre esses conjuntos e seus elementos (p. 132).

Referências bibliográficas:
[Das 42 referências constantes da bibliografia, indico apenas aquelas que se referem a autores citados no fichamento.]

ARTIGUE, M. "Ingénierie Didactique", RDM, vol. 9, n.º 3, 1988.

_____ "Ingeniería Didáctica", Ingeniería Didáctica en Educación Matemática, Grupo Editorial Iberoamérica, Bogotá, 1995, p. 33-59.

_____ "Epistémologie et didactique", RDM, vol.10, n°s 2, 3, 1990, p. 241 a 286.

BROUSSEAU, G. «Le contrat didactique: le milieu», RDM, Vol.9, n.º 3, 1998, p. 309 a 336.

_____ «Fundaments et méthodes de la didactique des mathématiques» RDM, vol. 7, n.º 2, 1986.

_____ «Les obstacles épistémologiques et les problèmes en mathématiques», RDM, vol.4, n.º 2, 1983.

CHEVALLARD, Y. / JOHSUA, Marie - Alberte. «La transposition didactique», Éditions la Pensée Sauvage, ed. 1991.

CHEVALLARD, Y. «Sur l'ingénierie didactique», *IREM d'Aix - Marseille*, 1982.

DOUADY, R. *Un exemple d'ingénierie didactique où sont à l'oeuvre jeux de cadres et dialectique outil-objet*. Séminaires de didactique des mathématiques, Année 1986-1987. IRMAR de Rennes 1.

_____ *L'ingénierie didactique: un moyen pour l'enseignant d'organiser les rapports entre l'enseignement et l'apprentissage*. Cahier DIDIREM 19, IREM, Paris VII, 1993.

DUVAL, R. *Graphiques et équations: l'articulation de deux registres*. Annales de Didactique et de Sciences Cognitives 1. IREM de Strasbourg, 1988, p. 235 a 253.

_____ Sémiosis et pensée humaine - Registres sémiotiques et apprentissages intellectuels, Peter Lang S.[a], Suisse, 1995.

VERGNAUD, G. *Epistemologia e Psicologia da Educação Matemática*. ICMI Study Series Mathematics and Cognition: A Research Synthesis by the International Group for the Psycology of Mathematics Education. Editors A. G. Howson and J. P. Kahane. Cambridge. New York - USA. 1990. p. 14 a 30.

La théorie des champs conceptuels, RDM, Vol. 10, nᵒˢ 2.3, 1990, p. 133 a 170.

Análise da dissertação

A dissertação de Nanci de Oliveira foi defendida em 1997. Participaram da banca examinadora os professores: Saddo Ag Almouloud (orientador), Benedito Antonio da Silva – ambos da PUC-SP – e Regina Fleming Damm, da UFSC. Enquanto professora universitária, Nanci de Oliveira se deparava com as dificuldades de aprendizagem que os alunos apresentavam em relação a conteúdos como os da disciplina de cálculo diferencial e integral. Sobre essas dificuldades, afirma que:

> Em busca das causas dos altos índices de repetência nessa disciplina e de tantos problemas no ensino-aprendizagem de temas como limites, derivadas e integrais, nos deparamos com um conceito básico: o conceito de função. A compreensão deste último conceito é um pré-requisito fundamental para o estudo do Cálculo [...] (1997, p. 1).

Embora o conceito de função seja fundamental para o ensino de Cálculo, a autora afirma que, em conversa com outros professores, concluiu que não somente as dificuldades eram comuns aos alunos de Cálculo como eram causadas, principalmente, por deficiências do ensino-aprendizagem do conceito de função no ensino médio.

Assim, Oliveira evidencia seu "fenômeno de interesse", qual seja, a dificuldade do estudante de Cálculo, obstáculo este decorrente de sua concepção insuficiente de função. Temos, pois, caracterizada, a primeira atividade de pesquisa de acordo com as proposições de Romberg.

A autora apresentou os resultados de pesquisas de mestrado sobre o ensino e aprendizagem de função por meio de teste aplicado por ela própria e pelos colegas de mestrado, além de ter utilizado as dissertações de Osmar Schwartz, de Maria Helena M. Mendes e de Maryse Noguès.

Essa interlocução da autora, que se limitou a trabalhos de pesquisa de mestres, poderia ser considerada como a terceira atividade designada por Romberg como sendo aquela de "relacionar o fenômeno (de interesse) às idéias de outros pesquisadores".

A autora apresenta uma conjectura ao declarar sua hipótese de pesquisa:

> [...] Nossa **hipótese** é a seguinte: para que um aluno compreenda o que é uma função, é necessário colocá-lo numa situação a-didática, na qual ele compreenda as noções de correspondência, dependência e variação, bem como utilize as mudanças de registro de representação [grifo da autora] (OLIVEIRA, 1997, p. 64).

A hipótese apresentada por Oliveira tem como base teórica as noções de contrato didático e situações a-didáticas – de Guy Brousseau – e também a noção de registro de representação, de Raymond Duval.

Para verificar sua hipótese, a autora declara como seu objetivo construir uma sequência didática que possibilite essa verificação:

> Sendo assim, nosso **OBJETIVO** é elaborar uma seqüências didática para fazer avançar as concepções dos alunos sobre o conceito de função, ou seja, para que haja uma evolução qualitativa na forma pela qual os alunos concebem tal noção [grifo da autora] (OLIVEIRA, 1997, p. 64).

Tendo explicitado a hipótese e o objetivo de sua pesquisa, Oliveira contemplou a quarta atividade de pesquisa: "fazer questões específicas ou conjectura argumentada".

Para alcançar o objetivo proposto, embora a autora não tenha utilizado o termo "engenharia didática", segundo trecho abaixo,

> [a]s características desta metodologia se baseiam em algumas pesquisas francesas. Buscamos em uma publicação de Michèle Artigue *[Ingeniería Didáctica en Educación Matemática, 1995, (p. 36-49)]*, algumas características de nossa metodologia, que seguem (OLIVEIRA, 1997, p. 11).

Há referência implícita à metodologia da engenharia didática, de acordo com a publicação citada de Michèle Artigue, o que corresponde à quinta atividade de pesquisa, que é a de "selecionar a metodologia".

No entanto, Oliveira esclarece que utilizaria algumas características dessa metodologia, descrevendo os procedimentos:

> Nossa pesquisa se caracteriza por um esquema experimental baseado nas "realizações didáticas" em sala de aula, ou seja, na realização, observação e análises de seqüências de ensino. Também se caracteriza pelo registro que é feito durante a aplicação da seqüência de ensino e pelas formas de validação às quais está associada. [...] nossa pesquisa, [...] se baseia [...], no registro dos estudos de caso e (sua) validação, em essência, está baseada no confronto entre as análises *a priori* e *a posteriori* (OLIVEIRA, 1997, p. 11).

Os capítulos II, III e IV da dissertação são dedicados às análises preliminares para a concepção da sequência didática. Constam dessas análises: um estudo histórico, epistemológico e da transposição didática do conceito de função; a fundamentação teórica da pesquisa; e, ainda, análise de livros didáticos relativos às funções.

No capítulo V, a autora descreve as análises *a priori* e *a posteriori* da sequência didática realizada.

Assim, a autora determinou e relatou os "procedimentos específicos" de sua pesquisa, constituindo o que Romberg denominou de sexta atividade de pesquisa.

A "coleta de dados" foi feita durante a execução da sequência didática. Esta constou de cinco sessões, aplicadas a 16 alunos voluntários do 1.º ano do curso de Engenharia de Mogi das Cruzes. Tais sessões ocorreram num prazo de 10 dias, no mês de junho. A coleta de dados corresponde à sétima atividade de pesquisa, de acordo com Romberg.

A "interpretação dos resultados coletados", atividade característica descrita por Romberg como sendo a oitava, encontra-se no capítulo VI, dedicado às conclusões.

> Interpretando estes resultados através da teoria de Vergnaud, os alunos passaram [a] encarar a função como um campo conceitual, pois, para compreendê-la, trabalharam com vários aspectos, como o de variação, dependência e correspondência, e ainda utilizaram vários registros de representação simbólica, envolvendo muitas situações da realidade. Além disso, esta aquisição parece ser resultado da dialética "ferramenta-objeto" (Douady, [11]), na medida em que utilizaram este campo conceitual e alguns registros de representação de função como ferramenta para resolver as situações-problema, passando a vê-las como objeto matemático (OLIVEIRA, 1997, p. 131).

A autora concluiu seu trabalho afirmando que a pesquisa respondeu ao objetivo estabelecido. Não obstante, apontou algumas modificações na elaboração da sequência, tendo conjecturado serem importantes para uma melhoria da compreensão dos alunos.

Quanto às perspectivas de continuidade do trabalho, sentimos a necessidade de trabalhar alguns aspectos mais detalhadamente, como as noções de domínio e contradomínio, destacando a diferença entre estes conjuntos e seus elementos. Percebemos também a necessidade de reinvestimento, ou seja, apresentar aos alunos novas situações-problema, em que apareçam algumas funções e/ou alguns de seus registros de representação. (OLIVEIRA, 1997, p.132).

Esse fato constitui uma "sugestão para próximos trabalhos", o que, segundo Romberg, constitui a décima atividade de pesquisa.

3. "Ensino de algoritmos em cursos de computação" (BARBOSA, Lisbete Madsen)

Fichamento da dissertação

Autora: Lisbete Madsen Barbosa
Ano da defesa: 1999
Números de páginas: 143
Orientadora: Sonia Barbosa Camargo Igliori

Resumo:

O objetivo des[t]a pesquisa é analisar representações de algoritmos feitas por estudantes em linguagem natural e comparar essas produções com as correspondentes representações em pseudocódigo. Para isso, elaboramos uma seqüência didática cujo foco principal é a produção de um algoritmo e a sua representação em linguagem natural. A partir da resolução de um problema simples — ordenação de uma seqüência numérica — solicitamos, aos estudantes, a descrição do processo utilizado, em linguagem natural. Analisando as produções dos estudantes, verificamos a utilização de construtores lógicos de seleção e de repetição — [utilização esta] com diferenças acentuadas em relação à correspondente representação em pseudocódigo. Essas diferenças de representação são um indicativo de que a conversão da linguagem natural para o pseudocódigo pode apresentar um alto grau de não congruência, revelando-se um fator decisivo no processo de ensino-aprendizagem de algoritmos.

Objetivo:
É objetivo des[t]a pesquisa fazer uma análise comparativa das produções de estudantes feitas em linguagem natural, face à representação de algoritmos em pseudocódigo (p. 7).

Metodologia:
Nos procedimentos de pesquisa, seguimos princípios da engenharia didática, conforme Artigue (1988) a propõe — caracterizada por um esquema experimental, baseado em realizações didáticas (p. 8).

Fundamentação teórica:
A pesquisa que realizamos nes[t]e trabalho apóia-se na teoria de Duval (1995) sobre o funcionamento cognitivo do pensamento humano — [teoria] em que estabelece uma lei fundamental: não há apreensão conceitual sem a coordenação de vários sistemas de representação semiótica (p. 19).

A concepção das atividades utilizadas nes[t]a pesquisa apóia-se na teoria das situações de Brousseau (1986), que caracteriza o processo ensino-aprendizagem (p. 22).

Palavras-chave:
Não constam.

Conclusão:
[...] Consideramos relevante a diferença em relação à ordem dos componentes de um construtor de repetição: no dis-

curso em linguagem natural, a descrição do bloco que se repete antecede o indicador de repetição, enquanto que, no registro em pseudocódigo, o bloco que se repete sucede o indicador de repetição ou está entre os indicadores da repetição (p. 101).

[...] Observamos que, no caso do construtor de repetição, a ordem dos itens não é a mesma — na linguagem natural, a expressão que significa a repetição é escrita sempre depois da representação do que deve ser repetido, enquanto que, no pseudocódigo, é o inverso. Não verificamos nada que, na linguagem natural, tenha a mesma forma de representação de uma variável escrita no pseudocódigo (p. 105).

Os resultados verificados evidenciam uma distância considerável entre as duas representações, principalmente no que se refere ao construtor de repetição (p. 105).

Sugestão para o ensino:
[...] pretendemos refinar a análise dos registros de representação de algoritmos, sob a óptica dos trabalhos de Duval (1995). Acreditamos que essa análise será fecunda e poderá originar novas estratégias de ensino nessa área (p. 105).

Sugestão para pesquisadores:
Um estudo mais aprofundado dessa conversão, estabelecendo-se graus de não congruência pode fornecer dados importantes para estudos do processo ensino/aprendizagem de algoritmos (p. 105).

Referências bibliográficas:
[Das 41 referências constantes da bibliografia, indico a seguir apenas aquelas que se referem a autores citados no fichamento.]

ARTIGUE, Michèle. 1988. *Ingénierie didactique.* Recherches en Didactique des Mathématiques, Grenoble, vol. 9, n.º 3, pp 281-308.

BROUSSEAU, Guy. 1988. Le contrat didactique: le milieu. *Recherches en Didactique des Mathématiques,* Grenoble, vol. 9, n.º 3, pp 309-336.

DUVAL, Raymond. 1995. *Sémiosis et Pensée Humaine – registres sémiotiques et apprentissages intelectuels.* Berne: Peter Lang.

Análise da dissertação

A dissertação de Lisbete Madsen Barbosa foi defendida em 1999. Participaram da banca examinadora os professores: Sonia Camargo Barbosa Igliori (orientadora), Maria Cristina S. de Albuquerque Maranhão – ambas da PUC-SP – e Regina Fleming Damm, da UFSC.

Lisbete Barbosa explicou que, em seus dez anos de experiência com o ensino de algoritmos, constatou uma enorme dificuldade apresentada pelos alunos quanto à sua aprendizagem. O estudante, mesmo conseguindo resolver um problema, não conseguia descrever o algoritmo correspondente, até mesmo em um problema elementar. Conforme sua observação, os alunos:

> [...] não conseguem minimamente começar o desenvolvimento de um algoritmo para resolver problemas considerados extremamente fáceis do ponto de vista das estruturas lógicas envolvidas. Mas são capazes de reproduzir a descrição de algoritmos prontos, embora incapazes de efetuar modificações para adequá-los a pequenas alterações nas condições do problema (BARBOSA, 1999, p. 5).

Assim, Barbosa se serviu de sua trajetória profissional para "identificar o fenômeno de seu interesse", o que, de acordo com Romberg, constitui a primeira atividade de pesquisa.

A autora analisou os métodos utilizados para desenvolver algoritmos de vinte e dois livros didáticos, dentre eles o de Dijkstra e Hoare (1973), que usa a programação estruturada, e o de Wirth (1971) que adota a abordagem *top-down*[2]. Concluiu que, de forma geral, os autores de livros didáticos pareciam concordar quanto à necessidade de uma abordagem *top-down*.

Barbosa verificou que o sistema de representação de algoritmos, utilizado na maioria dessas obras, é a linguagem algorítmica, também chamada pseudocódigo[3].

Tais procedimentos caracterizam a atividade 3 descrita por Romberg, como sendo: "relacionar o fenômeno de seu interesse a ideias de outros".

Nessa fase, a autora explicitou as escolhas que a auxiliaram a definir seu objetivo. Barbosa declarou que optou pelo pseudocódigo, pois este mostra a lógica de um algoritmo, além de enfatizar os passos individuais e suas conexões. Ademais, a pesquisadora afirmou que o enfoque dado ao ensino de algoritmos, em cursos introdutórios, limitava-se aos itens noção, desenvolvimento e descrição, e argumentou que tais itens se encontravam integrados, não podendo ser dissociados do processo ensino-aprendizagem.

Em sua argumentação, Barbosa apoiou-se na Teoria das Representações Semióticas de Duval (1995) para afirmar que a elaboração de um algoritmo compreende duas fases – a fase da concepção e a da representação:

---

[2]Abordagem *top-down:* consiste no desenvolvimento em refinamentos sucessivos na elaboração do algoritmo, exibindo a representação de cada etapa (BARBOSA, 1999, p. 4).

[3]Um pseudocódigo é um sistema de representação, concebido a partir da linguagem natural, sob a regência de regras de programação (de computadores). Assemelha-se com uma linguagem formal, pois tem as mesmas funções discursivas. No pseudocódigo, usa-se o vocabulário da linguagem natural e partes da sintaxe de uma linguagem de programação.

A descrição de um algoritmo é feita em uma linguagem que não a linguagem natural, o que nos leva a crer que o desenvolvimento de um algoritmo mobiliza dois registros de representação semiótica (BARBOSA, 1999, p. 2).

Após a explicitação de suas escolhas preliminares, a autora se manifestou sobre o objetivo de seu trabalho, caracterizando o que Romberg chama de atividade 4 – "fazer questões específicas ou conjectura argumentada", questão aqui entendida no sentido lato do termo:

> [...] fazer uma análise comparativa das produções de estudantes em linguagem natural, face à representação de algoritmos em pseudocódigo (BARBOSA, 1999, p. 7).

Para atingir seu objetivo, a autora declarou ter escolhido, como metodologia de pesquisa, os princípios da Engenharia Didática – como propostos por Artigue (1998) – quando caracterizou tal teoria como um esquema experimental, baseado em realizações didáticas (BARBOSA, 1999, p. 8).

Dessa feita, a autora "selecionou uma estratégia de pesquisa" para coleta de dados, constante da quinta atividade de pesquisa descrita por Romberg.

A sequência didática foi elaborada e aplicada a um grupo de 120 alunos de um curso de computação, com a intenção de fazer com que os alunos produzissem um algoritmo e sua representação em linguagem natural:

> [...] elaboramos uma seqüência didática cujo foco principal é a produção de um algoritmo e a sua representação em linguagem natural. A partir da resolução de um problema simples — ordenação de uma seqüência numérica — solicitamos, aos estudantes, a descrição do processo utilizado, em linguagem natural (resumo da dissertação).

Tal sequência constou de duas séries de atividades, realizadas em grupo de quatro integrantes, para favorecer a dialética da ação, antecedida por uma sessão de familiarização com o contrato didático a ser adotado. As atividades constituintes das séries I e II foram propostas em um contexto prático, real, apoiadas em material concreto. A autora criou um conjunto de cartas (baralhos) feito especialmente para os problemas apresentados. Os procedimentos elaborados pela autora acordam com os dizeres de Romberg em sua sexta atividade de pesquisa: "selecionar procedimentos específicos".

A autora foi a própria condutora da "experimentação", conforme sua declaração de que:

> O gerenciamento das sessões foi feito pela própria pesquisadora, com a adoção da seguinte postura: jamais fornecer a resposta do problema ao grupo. As respostas às perguntas feitas sempre continham um questionamento ao grupo — seja acerca do resultado encontrado ou sugestão de uma ampliação do resultado, no sentido de ser mais geral ou completo (BARBOSA, 1999, p. 48-49).

Essas observações indicam a postura da pesquisadora durante a experimentação, encontrando-se em conformidade com a sétima atividade de pesquisa, descrita por Romberg como "coleta de informação".

Por fim, Barbosa concluiu, da confrontação da análise *a priori* com *a posteriori*, que:

> Observamos que, no caso do construtor de repetição, a ordem dos itens não é a mesma — na linguagem natural, a expressão que significa a repetição é escrita sempre depois da representação do que deve ser repetido, enquanto que, no pseudocódigo, é o inverso.

Não verificamos nada que, na linguagem natural, tenha a mesma forma de representação de uma variável escrita no pseudocódigo. Os resultados verificados evidenciam uma distância considerável entre as duas representações, principalmente no que se refere ao construtor de repetição (BARBOSA, 1999, p. 105).

Assim, nas considerações finais, Barbosa indicou que, de certa forma, a sequência elaborada não esclareceu devidamente a conversão da linguagem natural, pseudocódigo, objetivada pela pesquisa, possivelmente pela não antecipação do fato relevado pela autora sobre a distância considerável entre as duas representações.

Desse modo, a autora analisou e interpretou as informações coletadas, que correspondem à oitava atividade de pesquisa, designada por Romberg como "interpretação das informações coletadas".

No entanto, tal sequência possibilitou a percepção da não congruência entre essas representações, sugeridas pela seguinte parte do capítulo "Considerações Finais":

> Um estudo mais aprofundado dessa conversão estabelecendo graus de não congruência pode fornecer dados importantes para estudos do processo ensino e aprendizagem de algoritmos (BARBOSA, 1999, p. 105).

Como se pôde observar, a autora procurou antecipar as ações de outros pesquisadores ao sugerir um estudo mais aprofundado dessa questão. Portanto, esta última consideração encontra-se de acordo com a décima atividade de pesquisa: "antecipar as ações dos outros".

Não obstante a constatação de uma distância entre as duas representações focadas, Barbosa não analisou os fatores que interferem para que ocorra tal distanciamento, deixando tal análise para uma próxima pesquisa sobre registros de representação de algoritmos.

4. "A impregnação do sentido cotidiano de termos geométricos no ensino/aprendizagem da geometria analítica" (MUNHOZ, Marcos)

Fichamento da dissertação

Autor: Marcos Munhoz
Ano de defesa: 1999
Número de páginas: 140
Orientadora: Sílvia Dias Alcântara Machado

Resumo:
Os termos geométricos são constantemente utilizados em toda a Matemática; dentre esses termos há palavras com mais de um significado. Esta pesquisa faz um diagnóstico dos termos geométricos mais usados em Geometria Analítica que causam confusão para os alunos. Após uma análise do assunto, baseada num referencial teórico, a investigação foi complementada por uma pesquisa de campo no meio universitário. A conclusão apresenta sugestões que devem permitir ao professor superar os efeitos dessa problemática.

Objetivo da pesquisa:
Essa questão decidiu o rumo da minha pesquisa, que teve como objetivo investigar se alguns termos geométricos, mais utilizados em Geometria Analítica, têm seu significado impregnado por seu sentido cotidiano (p. 6).

Metodologia:
Para a realização do presente trabalho, utilizei alguns recursos da Engenharia Didática. Essa metodologia foi descrita por Michèle Artigue em seu artigo "Ingénierie didactique".

A característica mais importante dessa metodologia é que a comprovação das hipóteses assumidas na pesquisa se baseia na confrontação da análise *a priori* com a análise *a posteriori*. Sua validação é, portanto, do tipo interno à pesquisa (p. 18).

Fundamentação teórica:

[O autor utilizou as seguintes ideias e/ou teorias:]

- Antonio Cavalca — para a problemática e para análise, baseando-se nos dados apresentados pelo autor em sua dissertação de mestrado.
- Marc Rogalski — para a problemática.
- Kevin Durkin e Beatrice Shire — para sugestões de como tratar os fenômenos da homonímia e polissemia em sala de aula (p. 7).
- Colette Laborde — para "[...] a importância da linguagem na formação dos conceitos matemáticos, analisando a influência da atividade linguística em matemática e as relações entre significantes e significados" (pp. 7-9).
- Nilson Machado — para "[...] a importância das relações entre as disciplinas Matemática e Língua" (pp. 9-13).
- Vigotski — para "[...] o papel da linguagem e suas relações com as funções psicológicas da percepção, memória e pensamento [...]" (pp. 13-16).
- Duval — a teoria dos registros de representações semióticas de Raymond Duval serviu tanto para embasar sua problemática, (pp. 3-6) quanto para suas análises, principalmente na parte [dedicada às] "apreensões" (pp. 17-18).

Palavras-chave:

Geometria Analítica; Homonímias; Polissemias; Registros de Representação.

Conclusão:

[...] a impregnação do sentido cotidiano de termos geométricos usados na Geometria Analítica é um fator que pode estar contribuindo para algumas das dificuldades dos estudantes nessa matéria. [...] afirmo que não é o único fator, mas seguramente um dos fatores dificultadores da aprendizagem em Geometria Analítica (p. 102).

A representação de um objeto matemático espacial não é bem compreendida por muitos alunos. Esse aspecto ficou claro quando verifiquei que alunos reconheciam prontamente as arestas, os vértices e as diagonais de um sólido geométrico, se o modelo concreto destes lhes era apresentado. Ao passo que, diante simplesmente de sua representação no papel, mostravam insegurança quanto às mesmas noções (p. 102).

Sugestão para o ensino:

Relaciono, então, a seguir, algumas estratégias que o professor poderá aplicar em suas aulas como forma de enfrentar os problemas da dupla interpretação dos termos geométricos.

1. Termos críticos (fontes de prováveis ambigüidades)
[...] A lista abaixo pode servir como uma referência e contém, além dos termos aqui pesquisados, outros que podem apresentar características de homonímia ou polissemia.

tabela I

Altura Aresta Face Paralelepípedo Simétrico Volume	Ângulo Corda Lado Pirâmide Superfície	Arco Diagonal Normal Plano Trapézio	Área Direção Sentido Vértice

2. Diversificação do contexto[...]

3. Exploração da ambigüidade[...]

4. A ambigüidade como uma aliada no ensino [...] (pp. 105-106).

Acredito que a conscientização do problema da impregnação dos sentidos é o melhor caminho para solucionar a ambigüidade que, muitas vezes, se encontra presente. É provável que muitos estudantes que não empreguem o significado matemático de algum termo homonímico ou polissêmico, não tenham percebido esse significado diferente no contexto matemático. Se o professor não estiver ciente da existência dessas ambigüidades, não poderá enfrentá-las, não terá a oportunidade para introduzir novos contextos em sua aula — contextos estes que visem a confrontar as várias interpretações possíveis para determinada palavra. Eliminar essa importante fonte de dificuldades no processo de ensino/aprendizagem facilitará o trabalho de coordenação entre os diversos registros de representação dos objetos matemáticos em uso na Geometria Analítica, o que significa um grande passo no caminho da compreensão mais completa dessa disciplina (p. 107).

Sugestão para pesquisadores:

Como o estudo das falhas na concepção geométrica dos termos em epígrafe não foi o objetivo central desta pesquisa, sugiro que futuras investigações se ocupem dos problemas aqui apontados (p. 103).

Referências bibliográficas:

[Das 23 referências constantes da bibliografia, indico a seguir apenas aquelas que se referem a autores citados neste fichamento]:

[2] ARTIGUE, M., *"Ingénierie didactique"*, Recherches en Didactique des Mathématiques, vol. 9, n.º 3, 1988.

[8] CAVALCA, A., *"Espaço e Representação Gráfica: Visualização e Interpretação"*, Dissertação de mestrado da PUC-SP, 1997.

[11] DURKIN, K. e SHIRE, B. *"Lexical ambiguity in mathematical contexts"* Capítulo 7 do livro "Language in Mathematical Education" Ed Open University Press. Grã Bretanha. 1995.

[12] DUVAL, R., *"As Representações Gráficas: Funcionamento e Condições de sua Aprendizagem"*, Tradução do pré-print fornecido pelo autor: Osmar Schwarz e Sílvia Machado, 1996.

[13] _____ ,*"Approche cognitive des problemes de geometrie en termes de congruence"*. Annales de Didactique et de Sciences Cognitives. Vol 1, p 57-74. IREM de Strasbourg. 1988.

[15] LABORDE, C., «*Deux codes en interaction dans l'ensignement mathematique: Langue naturelle e escriture symbolique"*, Grenoble, França, 1984 (***).

[17] MACHADO, N., *"Matemática e Língua Materna"*, Cortez Editora, 2ª edição, São Paulo, Brasil, 1991.

[20] ROGALSKI, M., *"La Géométrie Analitique: pourquoi l'enseigner? quels problèmes didactiques?"* , Seminário na PUC-SP, 1995.

[23] VIGOTSKI, L. S., *"Pensamento e Linguagem"*, Livraria Martins Fontes Editora Ltda., São Paulo, Brasil, 1993.

Análise da dissertação

A dissertação de Marcos Munhoz foi defendida em 1999. Participaram da banca examinadora os professores: Sílvia Dias Alcântara Machado (orientadora), Sonia Barbosa Camargo Igliori — ambas da PUC-SP — e Nilson José Machado, da FE-USP.

Munhoz, como participante de um grupo de pesquisa do Programa de Estudos Pós-Graduados em Educação Matemática da PUC-SP, propôs-se a pesquisar um dos aspectos problemáticos da linguagem dentro do universo de problemas encontrados pelos alunos ingressantes no ensino superior, especificamente no que se refere às dificuldades no ensino e aprendizagem de geometria analítica. Tal disciplina foi uma das dez que mais reprovaram em 1997 na Unicamp e USP, de acordo com números fornecidos pela Pró-Reitoria de Graduação da Unicamp, no Relatório da Comissão do Projeto "Disciplinas Problema", de 1997.

Assim, o autor indicou seu interesse pelo fenômeno da influência das diferentes linguagens utilizadas quando do estudo da geometria analítica. Romberg localiza tal fato na atividade um: "identificar um fenômeno de interesse".

Após a escolha do tema de sua pesquisa, o autor estudou teorias e pesquisas sobre assuntos correlatos, ampliando e possibilitando, dessa forma, a formulação de diversas hipóteses sobre ensino e aprendizagem da geometria analítica. Tais tarefas foram cumpridas ao mesmo tempo em que o pesquisador consultou professores da disciplina em questão e teve a oportunidade de participar de um seminário ministrado por Marc Rogalski, na PUC-SP, sobre as dificuldades apresentadas no ensino e aprendizagem de geometria analítica na França. Tudo isso fez com que Munhoz constatasse que os problemas apresentados por essa disciplina ocorrem mundialmente.

Para compreender melhor tal situação, o autor utilizou a teoria dos registros de representação semiótica de Raymond Duval (1996), afirmando que:

> A Geometria Analítica, por sua própria natureza, que é tratar de problemas geométricos através da Álgebra, supõe uma dialética entre a Geometria e a Álgebra, permeada, em geral, pela linguagem natural. [...] Uma noção que trata dessa dialética é a de registros de representação (MUNHOZ, 1999, p. 3).

Munhoz, ao identificar os registros de representação utilizados em geometria analítica, sublinhou que a dialética entre o algébrico e o geométrico supõe a utilização da linguagem natural, denominada por Duval de registro linguístico. Além disso, para reforçar a importância do registro linguístico, o autor utilizou Claudi Alsina et al. (MUNHOZ, 1999, p. 5), que afirmam ser esse registro um dos símbolos que se pode atribuir aos elementos geométricos.

Ao relacionar o fenômeno de sua pesquisa com as ideias de Rogalski, Duval e Alsina et al., Munhoz procurou verificar:

> [...] a importância dos três componentes, o algébrico, o geométrico e o linguístico no ensino e aprendizagem da Matemática em geral, e da Geometria Analítica, em particular (MUNHOZ, 1999, p. 6).

Por meio de tais procedimentos, Munhoz procurou relacionar o fenômeno de seu interesse a resultados de outros pesquisadores, consoante ao que Romberg descreveu como sendo a atividade três: "relacionar o fenômeno e o modelo a ideias de outros".
A pesquisa procurou responder à seguinte questão:

> O uso cotidiano de termos geométricos contribui para conflitos de natureza conceitual na Geometria Analítica? Essa questão decidiu o rumo de minha pesquisa (MUNHOZ, 1999, p. 6).

Percebe-se assim, apesar da observação feita por Romberg (1992, p. 52), a dificuldade de decidir qual questão a ser examinada diante de várias questões potenciais que surgem quando o pesquisador vai à busca da construção de seus argumentos, a partir de textos e estudos de outros acadêmicos, além dos questionamentos advindos de sua própria experiência, que Munhoz, em seu estudo, soube especificar de modo preciso à questão a ser examinada.

Após definir sua questão de pesquisa, o autor expôs seu objetivo:

> [...] investigar se alguns termos geométricos, mais utilizados em Geometria Analítica, t[ê]m seu significado impregnado por sentido cotidiano (MUNHOZ, 1999, p. 6).

Tais procedimentos caracterizam a quarta atividade de pesquisa: "fazer questões específicas ou fazer uma conjectura argumentada".

Para atingir seu objetivo, Munhoz utilizou como metodologia de pesquisa, alguns recursos da engenharia didática, conforme consta em seu texto:

> Para a realização do presente trabalho, utilizei alguns recursos da Engenharia Didática. Esta metodologia foi descrita por Michèle Artigue em seu artigo "Ingénièrie didactique" (MUNHOZ, 1999, p. 18).

Dessarte, ficou consignado que a estratégia de pesquisa formada por alguns recursos da engenharia didática foi selecionada pelo autor para sua coleta de dados – fato este que, de acordo com classificação feita por Romberg, corresponde à atividade 5, constituída pela ação de "selecionar uma estratégia de pesquisa geral para a coleta de dados".

Tais procedimentos levaram o autor a transcrever as etapas de sua pesquisa, constituindo o que Romberg considera, na atividade 6, como "selecionar procedimentos específicos", ou seja, estudou artigos e livros das duas últimas décadas, analisou livros didáticos, elaborou tanto um pré-teste como um teste e a validação do resultados.

As análises preliminares se constituíram de estudos dos artigos e livros das duas últimas décadas que se dedicaram ao assunto da linguagem natural na matemática. Também analisou livros didáticos de matemática e física do 2º grau e de geometria analítica para decidir quais eram os termos geométricos mais utilizados e em que situação ocorria seu uso.

É importante notar que, na realidade, o autor pretendeu fazer um diagnóstico sobre uma situação existente. O autor utilizou recursos da engenharia didática para elaborar e analisar o teste aplicado na experimentação. Assim, neste caso, o autor realizou um pré-teste com o objetivo de conhecer o significado que os alunos davam a alguns termos geométricos básicos, utilizados pela geometria analítica. Além disso, realizou uma análise *a priori* do teste que foi elaborado, de forma que seus resultados revelassem e permitissem avaliar a interferência do significado cotidiano na compreensão dos termos geométricos mais utilizados na geometria analítica, relacionando-se assim ao que Romberg, em sua sétima atividade de pesquisa – denominada "coleta de informação" – descreve: tal passo deve ser direto, uma vez que alguém tenha decidido coletar certas informações para construir um argumento relativo às questões que estão sendo feitas.

Finalmente, Munhoz validou os resultados pela confrontação da análise *a priori* com a análise *a posteriori,* o que lhe permitiu identificar quais dos termos são fontes de problemas para compreensão de assuntos da geometria analítica.

Dessa forma, Munhoz concluiu que:

> [...] pelos resultados observados na aplicação do teste às diversas turmas, a impregnação do sentido cotidiano de termos geométricos usados na Geome-

tria Analítica é um fator que pode estar contribuindo para algumas das dificuldades dos estudantes nessa matéria (1999, p. 102).

Temos, portanto, que tal colocação se encontra de acordo com a oitava atividade de pesquisa: "interpretação das informações coletadas".

O autor relatou que o estudo das falhas na concepção geométrica dos termos – vértice, aresta, diagonal, superfície e paralelepípedo – não foi o objetivo central de sua pesquisa, sugerindo que futuras investigações se ocupassem dos problemas por ele apontados – justamente aqueles em que essas concepções dos termos ficaram impregnadas por outras conotações correlatas, decorrentes dos seus usos, em diversas situações do cotidiano.

Diante dos problemas apontados por Munhoz, pode-se notar que o autor está em conformidade com a atividade dez de Romberg, intitulada "antecipar as ações de outros".

5. "Ensino-aprendizagem da álgebra linear: as pesquisas brasileiras na década de 90" (CELESTINO, Marcos Roberto)

Fichamento da dissertação

Autor: Marcos Roberto Celestino
Ano da defesa: 2000
Números de páginas: 113
Orientadora: Sílvia Dias Alcântara Machado

Resumo:

As pesquisas sobre ensino-aprendizagem da Álgebra Linear vêm obtendo "mundialmente" uma maior atenção dos investigadores em Educação Matemática.

Este trabalho objetivou coletar e apresentar as pesquisas de autores brasileiros sobre o ensino-aprendizagem da Álgebra Linear, realizadas na década de 90. A contribuição brasileira foi analisada e inserida no contexto das pesquisas "mundiais" na área.

Concluiu-se que, embora houvesse um pequeno número de obras brasileiras, elas apresentam resultados coerentes com as pesquisas "mundiais" e, algumas vezes, contribuem com resultados inéditos, além de apontarem sugestões para outras investigações na área de ensino-aprendizagem da Álgebra Linear.

Objetivo:

[...] este trabalho tem como objetivo geral apresentar e analisar o panorama das pesquisas brasileiras, realizadas na década de 90, sobre o ensino-aprendizagem da Álgebra Linear (p. 13).

Metodologia:

Conforme o título da obra, trata-se de uma pesquisa do tipo "estado da arte", isto é, inventário e análise das obras selecionadas.

O autor explicita os procedimentos metodológicos — que aparecem aqui resumidos — nas páginas 15-16:

- Análise de estados da arte.
- Coleta das obras da última década (1989-1999), cujo assunto fosse relacionado ao ensino e à aprendizagem da Álgebra Linear.
- Fichamento das obras coletadas.
- Análise das obras coletadas.
- Estudo comparativo e contextualização das obras no cenário mundial.
- Conclusão.

Fundamentação teórica:

[...] se apoiou nos [seguintes] artigos: "Aspects of the Nature and State of Research in Mathematics Education", de Mogens Niss, publicado em 1999; "Research on mathematical learning and thinking in the United States", escrito por Jeremy Kilpatrick e publicado em 1981; "Tendências Temáticas e Metodológicas da Pesquisa em Educação Matemática no Brasil", de Dario Fiorentini, publicado em 1989; "État de l'art de la recherche en didactique - à propos de l›enseignement de l›algèbre linéaire", de Jean Luc Dorier, publicado em 1998 (p. 17).

Palavras-chave:

Estado da arte, ensino-aprendizagem da Álgebra Linear, pesquisas brasileiras.

Conclusão:

Transcrição das partes da conclusão que correspondem ao objetivo proposto:

- Algumas pesquisas desta área procuram levantar os obstáculos epistemológicos e/ou sugerem uma abordagem alternativa, visando facilitar a construção e a apreensão de conceitos pelo estudante de Álgebra Linear. A maioria das obras relacionadas tem estas propostas (p. 89).

- [...] pode-se notar que as pesquisas brasileiras [se inserem] no quadro mundial das pesquisas sobre ensino-aprendizagem de Álgebra Linear e que reforçam ou apresentam conclusões relevantes nesta área de pesquisa (p. 93).

- [...] cataloguei apenas seis trabalhos [...]. Porém, este caminhar leva a apontamentos importantes e elucidatórios sobre o ensino-aprendizagem de Álgebra Linear (p. 93).

Sugestão de ensino:

O fato de alunos operarem em campos semânticos distintos dos campos semânticos preferenciais:

"[...] Acredito ser interessante analisar o porquê [de tal] 'fenômeno' e como usar isto como ponto favorável no processo de ensino-aprendizagem da Álgebra Linear" (análise da produção, p. 88).

Sugestão para pesquisadores:

1) o obstáculo do formalismo não se dá pelo fato de os alunos procurarem transpor suas dificuldades no uso da linguagem axiomática — dedutiva?

2) em relação à construção de novos campos semânticos pelos alunos, seria a tentativa de fuga do formalismo um fator que colabora com a busca de novos campos semânticos? (análise da produção, p. 87).

3) Amarildo Silva sugere uma abordagem de Álgebra Linear em diferentes contextos, como [o] da geometria analítica, em vez de apresentá-la com a teoria axiomático — dedutiva, no primeiro ano da Universidade. Acredito que temos aqui uma boa questão para um estudo posterior [...]. (análise da produção, p. 86).

Referências bibliográficas:

[Das 77 referências constantes da bibliografia, indico a seguir apenas aquelas que se referem a autores citados neste fichamento:]

DORIER, J. L. – État de l'art de la recherche en didactique – À propos de l'enseignement de l'algèbre linéaire – Recherches en Didactique des Mathématiques, vol. 18, n.º 2, pp. 191-230, 1998.

FIORENTINI, D. – Tendências Temáticas e Metodológicas da Pesquisa em Educação Matemática no Brasil - Artigo publicado nos Anais do I Encontro Paulista de Educação Matemática (1989).

KILPATRICK, J. – "Research on mathematical learning and thinking in the United States" .Recherches des de Didactique Mathématiques, vol. 2, n.º 3, pp. 363-379 (1981).

NISS, M - Aspects of the nature and state of research in Mathematics Education. Educational Studies in Mathematics, n.º 40, pp. 1-24, 1999.

Análise da dissertação

A dissertação de Marcos Roberto Celestino foi defendida em 2000. Participaram da banca examinadora os professores: Sílvia Dias Alcântara Machado (orientadora), Ana Paula Jahn — ambas da PUC-SP — e João Bosco Pitombeira F. de Carvalho, da PUC-RJ.

O autor contou que, ao participar do grupo de pesquisa sobre o ensino e aprendizagem da álgebra linear e geometria analítica da PUC-SP, constatou que a álgebra linear se encontra subjacente a quase todos os domínios da matemática, e que, portanto, as investigações sobre sua aprendizagem eram fundamentais.

Assim, Celestino indicou como "fenômeno de seu interesse", o ensino e aprendizagem de álgebra linear. O fenômeno foi mais bem especificado quando o autor indicou que, ao analisar o artigo de Dorier (1998) sobre o estado da arte das pesquisas mundiais sobre o ensino e aprendizagem da álgebra linear, julgou oportuno investigar as contribuições brasileiras relacionadas a esse tema.

O autor analisou vários trabalhos sobre o estado da arte, dentre os quais selecionou aqueles que contribuíram para sua investigação. Apoiou-se primeiramente no artigo *"Aspects of the Nature and State of Research in Mathematics Education"*, escrito por Mogens Niss (1999), do qual Celestino considerou que:

> Este artigo (NISS, 1999) mostra o progresso na área das pesquisas em Educação Matemática. Acredito que, se olharmos para outras mudanças ocorridas no mundo em relação às pesquisas nesta área, poderemos ter uma visão mais ampla (2000, p. 27).

O artigo *"Research on mathematical learning and thinking in the United States"*, de Jeremy Kilpatrick (1981), aborda o progresso alcançado na área, nos Estados Unidos, até 1981, particularmente em aprendizagem e pensamento matemáticos.

O autor destacou que os pontos levantados por Kilpatrick (1981), somados àqueles do artigo de Niss (1999), permitiram-lhe compreender melhor o desenvolvimento na área de Educação Matemática.

Com o objetivo de verificar como e quais influências sofreram as pesquisas em Educação Matemática no Brasil, Celestino passou a analisar o artigo *"Tendências temáticas e metodológicas da Pesquisa em Educação Matemática no Brasil"*, de Dario Fiorentini (1989), cuja temática foi verificar as linhas ou áreas emergentes de pesquisa, bem como a relação ensino-pesquisa. Assim se manifestou Celestino sobre tal artigo:

> A contribuição deste artigo (FIORENTINI, 1989) foi auxiliar-me a compreender a situação das pesquisas na área de Educação Matemática no Brasil e quais foram as influências externas que trouxeram mudanças [a essa] área (2000, p. 40).

O autor fundamentou-se também no artigo "État de l'art de la recherche en didactique – *À propos de l'enseignement de l'algèbre linéaire*", de Jean Luc Dorier, publicado em 1998, o qual lhe permitiu verificar as transformações em pesquisas internacionais na área de ensino-aprendizagem da álgebra linear.

Além disso, Celestino considerou que os trabalhos de Guerson Harel, Kallia Pavlopoulou, Hillel e Sierpinska, citados no artigo de Dorier, muito contribuíram com sua pesquisa. No entanto, Celestino observou que Dorier fez poucas referências a resultados de pesquisas brasileiras sobre ensino e aprendizagem da álgebra linear, sendo que o único pesquisador brasileiro citado por Dorier foi Marlene Alves Dias.

Dessa forma, Celestino propôs-se a uma "interlocução" com diversos pesquisadores, o que caracteriza o cumprimento da terceira atividade de pesquisa.

Embora, pelo já exposto, nos seja possível perceber a intenção do autor, este delimitou seu objeto de investigação conforme segue:

> [...] este trabalho tem como objetivo geral apresentar e analisar o panorama das pesquisas brasileiras, realizadas na década de 90, sobre o ensino-aprendizagem da Álgebra Linear (CELESTINO, 2000, p.13).

Evidencia-se, finalmente, a quarta atividade de pesquisa: "fazer questões específicas ou fazer uma conjectura argumentada".

Os demais propósitos esboçam o seguinte painel:
- Estabelecido o tipo de pesquisa, "estado da arte", o autor apresentou os "procedimentos metodológicos" utilizados em sua investigação. Isso posto, o pesquisador realizou o que Romberg diz constituir a sexta atividade de investigação científica (análise de estados da arte).
- Coleta das obras da última década (1989-1999), cujo assunto fosse relacionado ao ensino e à aprendizagem da álgebra linear.
- Fichamento das obras coletadas.
- Análise das obras coletadas.

- Estudo comparativo e contextualização das obras no cenário mundial.

A coleta de dados foi feita, primeiramente, pelo envio de correspondência a bibliotecas de diversos centros universitários solicitando os títulos de artigos, teses e dissertações cujo assunto se relacionasse com o ensino-aprendizagem da álgebra linear. Dado o fato de que não houve resposta a sua solicitação, a não ser da biblioteca da PUC-SP, o autor e outros elementos de seu grupo de pesquisa visitaram as bibliotecas da USP, Unicamp e UNESP de Rio Claro para verificarem, *in loco,* as informações desejadas. Tal fase caracterizou a sétima atividade: "coleta de informação".

Celestino descreveu que os títulos de algumas obras não expressavam o que, de fato, havia sido pesquisado e que, em alguns casos, não se tratavam de pesquisas, mas sim de relatos de experiências.

Finalmente, o autor selecionou apenas seis produções, que se caracterizavam como pesquisa em ensino-aprendizagem da álgebra linear, tendo concluído que as pesquisas nesta área procuram levantar os obstáculos epistemológicos, bem como, em muitos casos, sugerir uma abordagem alternativa para os conceitos, de modo que o aluno possa, de fato, apreender e construir um conceito.

Quanto à contextualização das obras selecionadas, no cenário mundial, Celestino escreveu que:

> [...] pode-se notar que as pesquisas brasileiras inserem-se no quadro mundial das pesquisas sobre ensino-aprendizagem de Álgebra Linear e que reforçam ou apresentam conclusões relevantes nesta área de pesquisa (2000, p. 93).

Embora o número de trabalhos fosse reduzido, estes davam contribuições valiosas para o tema, conforme o autor afirmou:

[...] cataloguei apenas seis trabalhos [...] Porém, este caminhar leva a apontamentos importantes e elucidatórios sobre o ensino-aprendizagem de Álgebra Linear (CELESTINO, 2000, p. 93).

Celestino concluiu que o estado da arte por ele realizado permitiu situar as pesquisas de autores brasileiros na área da Educação Matemática, mais especificamente no contexto das pesquisas sobre ensino-aprendizagem de álgebra linear. Tal fase caracterizou a oitava atividade de pesquisa: "interpretação das informações coletadas".

Dentre suas conclusões, relevamos aquelas que se constituem sugestões para futuras investigações [...].

Sugestão de pesquisa:

[...] se o obstáculo do formalismo não se dá pelo fato dos alunos procurarem transpor suas dificuldades no uso da linguagem axiomática-dedutiva.

[...] seria a tentativa de surgir do formalismo um fator que colabora com a busca de novos campos semânticos pelos alunos.

[...] verificar qual seria a contribuição da informática no ensino-aprendizagem da Álgebra Linear.

"O fato de alunos operarem em campos semânticos distintos dos campos semânticos preferenciais" [...] pode ser mais explorado em outras pesquisas.

Desse modo, ao dar "sugestões para futuras investigações", o autor realizou o que Romberg diz constituir a décima atividade de pesquisa.

6. "Formação de professores de matemática: realidade presente e perspectivas futuras" (CURI, Edda)

Fichamento da dissertação

Autora: Edda Curi
Ano da defesa: 2000
Números de páginas: 179
Orientadora: Célia Maria Carolino Pires

Resumo:

O presente estudo pretende contribuir para uma reflexão sobre as transformações necessárias nos cursos de Licenciatura em Matemática. Está inserido na linha de pesquisa "Formação de Professores", do curso de Pós-Graduação em Educação Matemática do Centro de Ciências Exatas e Tecnologia, da Pontifícia Universidade Católica de São Paulo (PUC-SP).

A pesquisa ressalta a melhoria nos conhecimentos matemáticos de um grupo de 377 professores em um ano de complementação para a Licenciatura Plena de Matemática, especialmente planejada para professores, que já estavam lecionando Matemática em escolas públicas do Estado de São Paulo e tinham como formação inicial um curso de Licenciatura Curta em Ciências.

A pesquisa permitiu delinear o perfil de um número significativo de professores de Matemática, suas concepções sobre Matemática e seu ensino e suas competências profissionais. Mostrou a necessidade de implementar mudanças na formação inicial e continuada, tanto no campo específico como no campo educacional.

No sentido de identificar os principais elementos para a discussão sobre as competências profissionais do grupo e identificar demandas de cursos de Licenciatura em Matemática, foram usadas, como categorias de análise, variáveis de contexto, de entrada, de processo e de produto. Para a melhor compreensão das características dessa formação, busquei suas raízes, fazendo uma retrospectiva do processo histórico da formação de professores no Brasil.

Objetivo:
- [...] contribuir para uma reflexão sobre as transformações necessárias nos cursos de Licenciatura em Matemática.
- [...] delinear o perfil de um número significativo de professores de Matemática, suas concepções sobre Matemática, seu ensino e suas competências profissionais (resumo).
- [...] [traçar uma] análise da formação de um grupo de professores que ministravam aulas de Matemática e de Ciências em escolas da rede pública estadual de São Paulo, com formação inicial em curso de Licenciatura Curta em Ciências, e que complementaram essa formação com um curso de Licenciatura Plena de Matemática na PUC-SP, em 1998 (p. 47).

Metodologia:
No sentido de identificar os principais elementos para a discussão sobre as competências profissionais do grupo e identificar demandas de cursos de Licenciatura em Matemática, foram usadas, como categorias de análise, variáveis de contexto, de entrada, de processo e de produto (resumo).

Fundamentação teórica:
Perrenoud — para as noções de competência (p. 40).
Garcia — para procedimentos metodológicos (p. 63).

Palavras-chave:
Formação de professores; Professores de Matemática; Ensino de Matemática; Educação Matemática.

Conclusão:
[Transcrição de partes do item 5, denominado "Conclusão"].

- [...] esse grupo, que teve sua formação em escolas públicas, na segunda metade dos anos 70 e início dos anos 80, apresentou defasagens em conteúdos do Ensino Fundamental (p. 149).

- O professor, ao final dessa formação, demonstrava disponibilidade para a aprendizagem e condições para continuar aprendendo (p. 149).

- Também com relação às suas representações, fica claro que esses professores selecionam conteúdos em que encontram mais facilidades para trabalhar. Os conteúdos que julgam essenciais são aqueles que lhes permitem ensinar procedimentos que seus alunos possam aplicar mecanicamente. Os conteúdos de Geometria e Medidas praticamente não são trabalhados (p. 150).

Sugestão para o ensino:
[...] é fundamental que as escolas formadoras estabeleçam contatos mais estreitos com as escolas do sistema de ensinos Fundamental e Médio, estabelecendo com estas um diálogo que provoque reflexões, discussões e estudos que causem impacto no preparo dos futuros professores (p. 149).

Sugestão para pesquisadores:
Com um curso de formação com muitas carências, com pouca capacitação, quase sem leitura, é de se perguntar qual o real desempenho desses professores na sala de aula (p. 149).

Referências bibliográficas:
[Das 90 referências constantes da bibliografia, indico a seguir apenas aquelas que se referem a autores citados neste fichamento]:

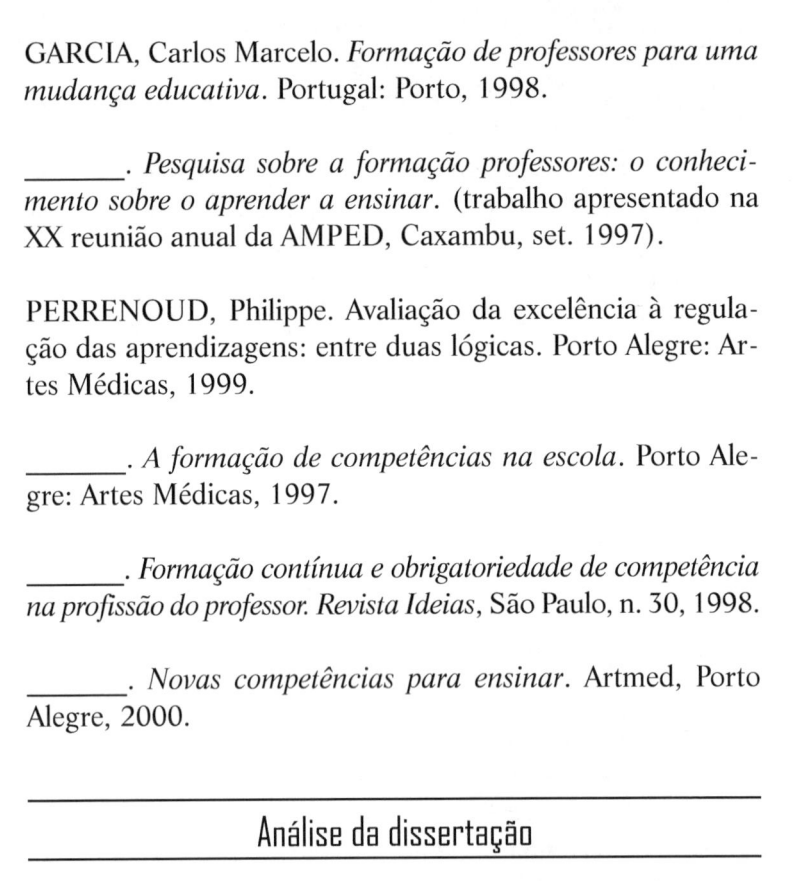

GARCIA, Carlos Marcelo. *Formação de professores para uma mudança educativa*. Portugal: Porto, 1998.

_____. *Pesquisa sobre a formação professores: o conhecimento sobre o aprender a ensinar*. (trabalho apresentado na XX reunião anual da AMPED, Caxambu, set. 1997).

PERRENOUD, Philippe. *Avaliação da excelência à regulação das aprendizagens: entre duas lógicas*. Porto Alegre: Artes Médicas, 1999.

_____. *A formação de competências na escola*. Porto Alegre: Artes Médicas, 1997.

_____. *Formação contínua e obrigatoriedade de competência na profissão do professor*. Revista Ideias, São Paulo, n. 30, 1998.

_____. *Novas competências para ensinar*. Artmed, Porto Alegre, 2000.

Análise da dissertação

A dissertação de Edda Curi foi defendida em 2000. Participaram da banca examinadora: Célia Maria Carolino Pires (orientadora), Ana Franchi – ambas da PUC-SP – e Vinício de Macedo Santos, da UNESP de Presidente Prudente.

Em sua prática docente, a autora atuava como formadora no Programa de Educação Continuada da PUC-SP, o que lhe permitiu detectar que quase 50% dos professores não tinham licenciatura plena em matemática. Para sanar tais dificuldades, foi proposta, pela PUC, a realização de um curso destinado a complementar a formação inicial desses professores. Aprovado o curso, Edda Curi assumiu uma das turmas e, como já tivesse intenção de ingressar no mestrado em Educação Matemática dessa instituição, começou a coletar dados – não só da própria turma como das demais –, procurando sistematizar as informações colhidas em 1998 e ampliar os estudos sobre a formação de professores. O tema da autora "Formação de professores" está, portanto, explicitado, indicando seu "fenômeno de interesse", o que constitui a primeira atividade de pesquisa.

Para contextualizar sua investigação, Edda Curi analisou, sob a perspectiva histórica, o processo de formação de professores de matemática, enfatizando a formação do professor especialista no Brasil, a instalação dos cursos de matemática em nosso país – que se iniciaram em 1934 na USP –, até as recentes avaliações do MEC nos cursos superiores.

Nessa retrospectiva, Curi apresentou resultados de vários autores, dentre os quais: Monlevade (1996), Candau (1987), Sucupira (1969), Perrenoud (1998), entre outros.

Assim, ficou clara a passagem da pesquisadora pela terceira atividade de pesquisa – a da "interlocução" com outros pesquisadores do tema.

Edda Curi, no resumo de seu trabalho, explicou que pretendeu

> [...] contribuir para uma reflexão sobre as transformações necessárias [aos] cursos de Licenciatura em Matemática (resumo).

Tal contribuição seria a de

> [...] delinear o perfil de um número significativo de professores de Matemática, suas concepções sobre Matemática, seu ensino e suas competências profissionais (resumo).

Ou, mais especificamente:

[...] uma análise da formação de um grupo de professores que ministravam aulas de Matemática e de Ciências em escolas da rede pública estadual de São Paulo, com formação inicial em curso de Licenciatura Curta em Ciências e que complementaram essa formação em um curso de Licenciatura Plena de Matemática na PUC/SP em 1998 (CURI, 2000, p. 47).

A quinta atividade de pesquisa – metodologia – não foi especificada por Curi, porém, os "procedimentos metodológicos", constituintes da sexta atividade, foram delineados. Para atingir seu objetivo, a autora descreveu e analisou o curso de complementação para a formação de 377 professores de Matemática. Coletou os dados e apresentou suas conclusões. As análises foram feitas segundo as seguintes variáveis:

> [...] as **variáveis de contexto,** isto é, as concepções do programa, os objetivos, a instituição; as **variáveis de entrada,** que se referem às características dos professores em formação e dos formadores, isto é, conhecimentos, atitudes, preocupações; as **variáveis do processo,** que incluem a análise do processo de ensino-aprendizagem, as disciplinas, as interações dos professores em formação com os materiais curriculares, com os formadores e algumas **variáveis do produto,** que se referem às repercussões do programa em relação aos professores que se formaram, aos formadores e à instituição [os grifos são meus] (CURI, 2000, p. 47).

Os dados para análise foram "coletados" por meio de observações, realizadas a partir de aulas de diferentes formadores e grupos, de provas e diários de classe das diversas disciplinas e de depoimentos de professores em formação. Tudo isso constituiu a sétima atividade de pesquisa.

Os dados coletados permitiram, à autora, concluir que os professores do grupo analisado eram de meio socioeconômico desfavorável, uma vez que trabalhavam em condições precárias, com grande número de aulas, e atuavam com alunos de um meio social igualmente desfavorecido. Além disso:

> [...] esse grupo, que teve sua formação em escolas públicas, na segunda metade dos anos 70 e início dos anos 80, apresentou defasagens em conteúdos do Ensino Fundamental (CURI, 2000, p. 149).

E, para alguns desses professores:

> [...] o conhecimento matemático é visto como algo "não construtível", ou seja, passível apenas de ser transmitido; nem todos consideram importante a compreensão dos "porquês" de regras, por exemplo, e que os caminhos que podem levar à melhor compreensão de um dado assunto são muito longos (alegam que não se pode "perder tempo", pois há um "programa", a ser cumprido) (CURI, 2000, p. 152).

Curi concluiu também que:

> com relação às suas representações, fica claro que esses professores selecionam conteúdos em que encontram mais facilidades para trabalhar. Os conteúdos que julgam essenciais são aqueles que lhes permitem ensinar procedimentos que seus alunos possam aplicar mecanicamente. Os conteúdos de Geometria e Medidas praticamente não são trabalhados (CURI, 2000, p. 150).

A autora ressaltou que:

> o professor, ao final dessa formação, demonstrava disponibilidade para a aprendizagem e condições para continuar aprendendo (CURI, 2000, p. 149).

Essas "conclusões" confirmam a realização da oitava atividade de pesquisa.

Como sugestão de ensino, a autora registra que:

> [...] é fundamental que as escolas formadoras estabeleçam contatos mais estreitos com as escolas do sistema de ensinos Fundamental e Médio, estabelecendo com estas um diálogo que provoque reflexões, discussões e estudos que causem impacto no preparo dos futuros professores (CURI, 2000, p. 149).

E, como ideia para uma próxima pesquisa, Curi apresenta, implicitamente, o seguinte:

> Com um curso de formação com muitas carências, com pouca capacitação, quase sem leitura, é de se perguntar qual o real desempenho desses professores na sala de aula (p. 149).

Tais sugestões constituem a décima atividade, qual seja, *"antecipar as ações dos outros"*.

7. "Conceito de derivada: uma proposta para o seu ensino e aprendizagem" (DALL'ANESE, Claudio)

Fichamento da dissertação

Autor: Claudio Dall'Anese
Ano da defesa: 2000
Números de páginas: 140
Orientador: Benedito Antonio da Silva

Resumo:

Dado que existem dificuldades, no que se refere ao ensino e aprendizagem do Cálculo Diferencial e Integral, este trabalho [traz à luz] uma seqüência didática com atividades apresentadas em fichas, em que os alunos trabalham em duplas para perceber a essência do conceito de derivada. Após a resolução de cada ficha, estabelece-se uma plenária para discussão das respostas apresentadas. A escolha desta prática metodológica representa uma ruptura do contrato didático habitual. Apresento uma análise *a posteriori* de cada ficha, confrontando os protocolos dos alunos com uma análise feita *a priori*. Isto permite levantar conclusões sobre os ganhos desta escolha pedagógica para o ensino e aprendizagem do conceito de derivada.

Objetivos:

- Elaborar uma seqüência didática que contribua para o ensino e aprendizado do conceito de derivada a partir da noção de variação.

- Aplicar a seqüência utilizando recursos de computador e calculadoras, além de papel e lápis.

- Analisar os resultados obtidos, visando apontar conclusões a respeito do desempenho dos alunos nesta seqüência didática (p. 41).

Metodologia:

Para a elaboração da seqüência, baseei-me em princípios de Engenharia Didática, caracterizados por Michèle Artigue como *"um esquema experimental baseado sobre 'realizações didáticas' em sala de aula, isto é, sobre a concepção, a realização, a observação e a análise de sequências de ensino"* (p. 42).

Fundamentação teórica:
Brousseau e Chevallard — A noção de contrato didático embasou a elaboração, aplicação e análise da seqüência (pp. 36-40).
Fosnot — Embasou a parte teórica sobre *conceitos espontâneos e científicos* (pp. 40-41).

Palavras-chave:
Derivada, contrato didático, reta tangente, variação, otimização.

Conclusão:
- Aponto, a seguir, aspectos que efetivamente contribuíram para a evolução desse processo (p. 125).

- Apresentar um problema e levar os alunos a concluírem que não podem resolvê-lo — pois não têm a ferramenta disponível — e também explicitar que as atividades propostas visam à construção de um conceito que permite solucionar o problema [foram] um estímulo para que eles desenvolvessem as atividades.

- Propor inicialmente, aos alunos, que estimassem a solução do problema apresentado favoreceu a apreensão da essência do conceito de derivada como uma ferramenta útil para problemas que envolvem variação, visto que concluíram que os resultados precisos obtidos estiveram bem próximos dos estimados [...].

- A essência do conceito de derivada e também sua "ligação" com o coeficiente angular de reta tangente parecem ter sido assimiladas pelo grupo, visto que as plenárias mostraram-se bastante produtivas, pois a maioria dos alunos manifestou entusiasmo em discutir e construir estes significados para o conceito. Além disso, parece que a maioria [se convenceu de que] a derivada é uma ferramenta eficiente para resolver o problema sobre máximo e mínimo inicialmente apresentado, [vistos] os resultados obtidos na última ficha (p. 126).

Sugestão para pesquisadores:

Por outro lado, pouca atenção foi dada à interpretação física da derivada, o que pode sugerir continuidade deste trabalho abordando o conceito através de experimentações referentes a esta área de conhecimento (p. 126).

Referências bibliográficas:

[Das 18 referências constantes da bibliografia, indico a seguir apenas aquelas que se referem a autores citados neste fichamento]:

ARTIGUE, M. Ingénierie Didactique. Recherches en Didactique des Mathématiques, vol. 9, n.º 3, pp. 281-308. Grenoble, 1988.

BROUSSEAU, G. Fondements et méthodes de la didactique des mathématiques. Recherches en Didactique des Mathématiques, vol. 7, n.º 2, pp. 33-115, Grenoble, 1986.

CHEVALLARD, Y. Sur l'analyse didactique: deux études sur les notions de contract et de situation. Publication de l'REM d'Aix Marseilee, 14, 1988.

FOSNOT, C. T. Construtivismo. Teoria, perspectivas e prática pedagógica. Porto Alegre. Artmed, 1998.

Análise da dissertação

A dissertação de Claudio Dall'Anese foi defendida em 2000. Participaram da banca examinadora: Benedito Antonio da Silva (orientador), Sônia Barbosa Camargo Igliori – ambos da PUC--SP – e Rosa Lucia Sverzut Baroni, da UNESP de Rio Claro.

O autor ambientou seu estudo no quadro de cálculo diferencial e integral – doravante designado somente por cálculo

– em decorrência de sua prática como docente, considerando-se as dificuldades encontradas por seus alunos nessa disciplina. Dall'Anese indicou, em seu texto, que pesquisas em Educação Matemática evidenciavam que essas dificuldades em Cálculo eram partilhadas pelos alunos em geral. Dada essa constatação – e julgando a noção de derivada, um dos conceitos fundamentais do Cálculo –, o autor optou por investigar seu ensino e aprendizagem. Essa problemática indicou o "fenômeno de interesse" do mestrando – atividade essa considerada por Romberg como sendo a primeira.

O autor estudou teóricos da didática da matemática, como Brousseau e Chevellard, que trataram das situações didáticas e do contrato didático. Também estudou o texto de Fosnot sobre princípios da teoria do conhecimento, especificamente na questão da formação dos conceitos "espontâneos" e "científicos".

Dall'Anese apresentou um levantamento sobre a maneira pela qual o conceito de derivada é abordado em livros didáticos:

> Quase todos os autores [...] apelam para a intuição geométrica, ao apresentarem como motivação da definição de derivada, a necessidade de tornar precisa a medida de inclinação da reta tangente. Além disso, alguns deles também fazem alusão à velocidade instantânea de uma partícula em movimento para ilustrar o significado da derivada (2000, p. 22).

Além disso, ilustrou seu trabalho com elementos históricos, que contribuíram para definição de derivada:

> A definição de derivada, como é conhecida hoje, deve-se a Cauchy, que a apresentou, por volta de 1823, como razão de variação infinitesimal (DALL'ANESE, 2000, p. 9).

O autor apresentou conclusões de diferentes pesquisas sobre o fenômeno de seu interesse, tais como as de Cassol (1997), que discutiu, em sua dissertação de mestrado, os diferentes significados de derivada:

> [...] significados que podem a ela ser produzidos neste processo: a derivada como um limite, derivada como declividade da reta, derivada como resultado da aplicação de uma fórmula, derivada como velocidade e derivada como taxa de variação (DALL'ANESE, 2000, p. 16).

Da tese de doutorado em Educação Matemática "O pensamento matemático de estudantes universitários de cálculo e tecnologias informáticas", de autoria de Villarreal, o autor sublinhou as seguintes partes das conclusões:

> [...] o pensamento matemático é permeado e reorganizado pelas mídias utilizadas, que constituem, com as estudantes e a pesquisadora, uma ecologia cognitiva particular, [...] tais aspectos sugerem a necessidade de repensar o ensino do Cálculo, a partir de uma visão de conhecimento como rede de significados que desafia a vigência da visão cartesiana (DALL'ANESE, 2000, p. 17).

Dessa forma, Dall'Anese "relacionou o fenômeno de seu interesse com modelo de outros estudiosos" do assunto, o que caracteriza, segundo Romberg, a terceira atividade de pesquisa.

Diante do exposto, Dall'Anese se questionou sobre a possibilidade de transformação do ensino e aprendizagem da noção de derivada, utilizando uma prática pedagógica diferente:

> [...] que proposta pedagógica poderia estar trabalhando?
> [...] utilizar uma prática pedagógica diferente das tradicionais traz algum ganho? (2000, p. 13-14).

Essas questões levaram o autor a declarar seu objetivo de pesquisa como sendo:

> Elaborar uma seqüência didática que contribua para o ensino e aprendizado do conceito de derivada a partir da noção de variação (DALL'ANESE, 2000, p. 41).

Assim, foi observada a quarta atividade de pesquisa, de acordo com a caracterização de Romberg: "fazer questões específicas ou fazer uma conjectura argumentada".

Para alcançar esse objetivo, Dall'Anese utilizou os princípios da engenharia didática, como metodologia de sua pesquisa, conforme segue:

> Para a elaboração da sequência, baseei-me em princípios de Engenharia Didática, caracterizados por Michèle Artigue como um esquema experimental baseado sobre "realizações didáticas" em sala de aula, isto é, sobre a concepção, a realização, a observação e a análise de sequências de ensino (2000, p. 42).

A definição da metodologia feita acima caracteriza o que Romberg descreve como sendo a quinta atividade de pesquisa.

Quando da descrição de seus objetivos, Dall'Anese informou o que pretendia, caracterizando alguns procedimentos da pesquisa:

> - Aplicar a seqüência utilizando recursos de computador e calculadoras, além de papel e lápis;
> - Analisar os resultados obtidos, visando apontar conclusões a respeito do desempenho dos alunos nesta seqüência didática (2000, p. 41).

O autor relata, em sua dissertação, várias ações relativas às análises preliminares de uma engenharia didática – como a análise de livros didáticos e estudo da epistemologia da noção de derivada. Também constam da obra as análises *a priori* e *a posteriori*, bem como a confrontação dessas análises para validação da pesquisa. Assim, a sexta atividade de investigação, sobre a "seleção dos procedimentos específicos", conforme indicação de Romberg, foi explicitada. Para a coleta de dados, o autor aplicou uma sequência de sete sessões, de três horas cada, a 46 alunos do primeiro ano do curso de Ciências da Computação. As sessões ocorreram de maio a agosto em dias alternados.

Desse modo, ficou caracterizada a sétima atividade de pesquisa, "coleta de informação", conforme descrita por Romberg.

O autor concluiu que:

> Apresentar um problema e levar os alunos a concluírem que não podem resolvê-lo, pois não têm a ferramenta disponível, e também explicitar que as atividades propostas visam à construção de um conceito que permite solucionar o problema [foram] um estímulo para que eles desenvolvessem as atividades (DALL'ANESE, 2000, p. 126).

Em outras palavras, a situação-problema criada pelo mestrando para desenvolver a noção de derivada, como razão de variação infinitesimal, funcionou como motivadora da aprendizagem de derivada. Acrescentando que:

> A essência do conceito de derivada e também sua "ligação" com o coeficiente angular de reta tangente parecem ter sido assimiladas pelo grupo, visto que as plenárias mostraram-se bastante produtivas, pois a maioria dos alunos manifestou entusiasmo em discutir e construir estes significados para o conceito (DALL'ANESE, 2000, p. 126).

O autor revelou, nesse trecho, que os alunos "parecem ter assimilado" os diferentes significados da derivada. Além do que:

[...] parece que a maioria [se convenceu de que] a derivada é uma ferramenta eficiente para resolver o problema sobre máximo e mínimo inicialmente apresentado, [vistos] os resultados obtidos na última ficha (DALL'ANESE, 2000, p. 126).

As "conclusões" de Dall'Anese constituem a oitava atividade de pesquisa, segundo Romberg.

O autor sugeriu, como questão de futuras pesquisas, abordar o conceito de derivada por meio de experimentações referentes à sua interpretação física. Tal procedimento é relatado por Romberg como pertencente à décima atividade de pesquisa, que se refere à "antecipação da ação de outros pesquisadores".

Portanto, Dall'Anese revelou novos passos que outros acadêmicos poderão seguir. O teórico antecipou, assim, ações posteriores, criando um espaço para discussão de ideias dentro da comunidade científica, o que proporciona uma maior reflexão relacionada a fenômenos e a processos envolvidos no ensino e aprendizagem da matemática.

8. "Ensino e aprendizagem da geometria analítica: as pesquisas brasileiras da década de 90" (DI PINTO, Marco Antonio)

Fichamento da dissertação

Autor: Marco Antonio Di Pinto
Ano de defesa: 2000
Número de páginas: 77
Orientadora: Sílvia Dias Alcântara Machado

Resumo:

As pesquisas voltadas ao processo de ensino e aprendizagem da Geometria Analítica, no Brasil, são relativamente recentes.

Este trabalho objetivou fornecer o estado em que se encontram as pesquisas preocupadas com o processo de ensino e aprendizagem em Geometria Analítica, feitas por brasileiros na década de 90. Diante deste quadro, é feita uma análise das obras com o intuito de mostrar as contribuições deixadas pelos autores.

[O texto] finaliza[-se ao sugerir] pistas de pesquisas a futuras investigações na área analisada.

Objetivo da pesquisa:
- [...] defini como objetivo deste trabalho fazer um inventário das pesquisas brasileiras em educação matemática sobre ensino e aprendizagem de Geometria Analítica da década de 90 (p. 3).

- Neste trabalho, [empenhei-me em] analisar as produções científicas brasileiras na década de 90, mais especificamente aquelas voltadas ao processo de ensino e aprendizagem [de] geometria analítica, com o intuito de verificar os ganhos conquistados [em tais] obras, bem como sugerir rumos [que poderão ser privilegiados] em futuras pesquisas (p. 70).

Metodologia:
- [...] nesta pesquisa documental [...] (p. 4).
- [...] primeiramente, li algumas pesquisas sobre [o] estado da arte. [...] Isso me auxiliou a decidir pelos procedimentos metodológicos a seguir, dado que nada de específico encontrei sobre esse tipo de pesquisa em livros de metodologia (p. 4).

Fundamentação teórica:
- Dorier, J. L. — "État de l'art de la recherche en didactique à propos de l'enseignement de L'algèbre linéaire" (p. 4).
- Hillel e Sierpinska (1994) — sobre reflexões da relação explícita entre Geometria e Álgebra (p. 3).
- Garnica e Pereira (1996) — sobre os diferentes tipos de pesquisa em Educação Matemática (p. 4).

Palavras-chave:
Ensino e aprendizagem; Geometria Analítica; Pesquisas brasileiras; Panorama.

Conclusão:
As pesquisas analisadas nesta obra procuraram, de alguma maneira, diagnosticar dificuldades diversas dos educandos e também sugerir uma abordagem alternativa dos objetos explorados, de modo a possibilitar, ao aluno, construir e apreender um conceito. A tal grupo de pesquisas, juntam-se os relatos de experiência que, apesar de não fazerem parte deste trabalho, foram examinados e mostraram que se encontram em sintonia com as preocupações dos colegas pesquisadores; melhor ainda, é na sala de aula que surgem as indagações que posteriormente serão investigadas em um trabalho científico. Assim sendo, [tais] experiências, que aqui não foram expostas, [são] como as realizadas por Ruy Madsen Barbosa, Renato Valladares e outros, [que] em muito contribuíram na busca dos processos que procuram diminuir as dificuldades dos educandos, em qualquer área (p. 70).

Assim: diversificar os tipos de registros e representações; não optar por procedimentos chavões; não aplicar fórmulas sem significado; debater o significado do resultado encontrado na situação-problema com o educando; verificar as concepções do aluno acerca do objetivo matemático trabalhado; verificar a disponibilidade e pertinência do uso de ferramentas no tratamento da situação-problema criada — bem como sua eficácia —; explorar as ambigüidades [decorrentes dos] termos do cotidiano no contexto matemático; contextualizar sempre que possível; e, [finalmente,] criar condições para que se desenvolva o pensamento espacial do aluno fazem parte das contribuições dos colegas pesquisadores, visando à melhoria do processo de ensino e aprendizagem [de] Geometria Analítica (p. 71).

[...] as pesquisas analisadas mostraram que, independentemente do objeto a ser estudado, deve-se buscar a sua significação, utilizando-se do maior número de recursos possíveis, explorando os quadros algébrico e geométrico concomitantemente, mesmo que a dificuldade dos educandos em cada uma dessas áreas acabe intervindo em sua aprendizagem. É oportuno lembrar, a todo momento, que só quando o aluno constrói e articula um objeto matemático ele lhe dará um significado. A abstração dos conceitos que tanto se deseja só será concretizada (compreendida) quando o educando conseguir visualizar o objeto matemático como um todo, sendo capaz de agir sobre ele, externando seus conhecimentos a [seu] respeito em qualquer linguagem — conhecimentos esses que o permitam fazer generalizações sobre o objeto estudado (p. 71).

Sugestão para o ensino:

Acredito, também, que recursos interativos, tais como a utilização dos *softwares* Cabri, Winplot, entre outros, em muito aumentam a significação e a visualização do objeto trabalhado para o estudante, apesar de eles muitas vezes possuírem dificuldades próprias em manipular esses *softwares* (p. 71).

Sugestão para os pesquisadores:

[...] de acordo com a pesquisadora Marilena Bittar, sugiro a outros pesquisadores que, em seus trabalhos, explorem as concepções dos alunos acerca de um objeto matemático, verificando que conhecimentos (construídos de forma errônea ou não) eles mobilizariam para tratar o objeto de estudo.

Referências bibliográficas:

[Das 33 referências constantes da bibliografia, indico a seguir apenas aquelas que se referem a autores citados neste fichamento]:

DORIER, J. L. "État de l'art de la recherche en didactique à propos de l'enseignement de L'algèbre linéaire". Recherche en Didactique des Mathématiques, V. 18, n. 2, pp. 191-230, 1998.

GARNICA, A. V; PEREIRA, M. E. F. "A pesquisa em Educação Matemática no Estado de São Paulo: um possível perfil". Artigo Revista Bolema, ano 11, número 12, pp. 59-74, 1996.

HILLEL, J.; SIERPINSKA, A.- On one persistent mistake in linear algebra, in *Proceedings of the 18th International Conference of the International Group for the Psychology of Mathematics Education,* July 1994, Lisbon, Portugal, vol. III, 65-72, 1994.

Análise da dissertação

A dissertação de Marco Antonio Di Pinto foi defendida em 2000. Participaram da banca examinadora os professores: Sílvia Dias Alcântara Machado (orientadora), Wagner Rodrigues Valente – ambos da PUC-SP – e Marilena Bittar, da UFMS.

O autor participava de um grupo de pesquisa do Programa de Estudos Pós-Graduados em Educação Matemática da PUC-SP, cujo objetivo geral era estudar o processo do ensino e aprendizagem da geometria analítica e da álgebra linear, sendo que ele próprio estava preocupado principalmente com as questões de geometria analítica.

Assim, Di Pinto indicou o fenômeno de seu interesse como sendo o estudo do ensino e aprendizagem da geometria analítica, "cumprindo" a primeira atividade de pesquisa: "identificar um fenômeno de interesse".

O autor procurou situar-se em relação ao tema, consultando resultados do grupo de pesquisa do qual participava, como também de trabalhos de outros pesquisadores, dentre eles Hillel e Sierpinska, que argumentaram que o fato da geometria analítica:

[...] relacionar explicitamente a Geometria e a Álgebra, esse relacionamento não implica [uma] facilitação do seu processo de ensino/aprendizagem, pois, apesar de seus problemas poderem ser traduzidos nessas duas áreas matemáticas (Geometria e Álgebra), as dificuldades dos alunos em cada uma dessas áreas [intervirão] em sua aprendizagem (HILLEL; SIERPINSKA, 1994 *apud* DI PINTO, 2000, p. 3).

Além disso, o autor consultou pesquisadores que se dedicaram a fazer "estados da arte" sobre diferentes assuntos como:

[...] [a pesquisa de] Jean Luc Dorier sobre "État de l'art de la recherche en didactique à propos de l'enseignement de L'algèbre linéaire"; a de Marcos Roberto Celestino, "Ensino e Aprendizagem da Álgebra Linear – As pesquisas brasileiras da década de 90"; e a de Antonio Vicente Garnica e Maria Eliza Pereira, "A pesquisa em Educação Matemática no Estado de São Paulo: um possível perfil" (p. 4).

Dessa maneira, o teórico relacionou suas ideias às de outros estudiosos do assunto, completando a terceira atividade de pesquisa – "relacionar o fenômeno a ideias de outros".

Do contato com as pesquisas realizadas, tanto por elementos de seu grupo como de pesquisadores alheios a ele, Di Pinto observou que várias teorias têm sido utilizadas com a finalidade de discutir os fenômenos didáticos essenciais ao processo de ensino e aprendizagem da geometria analítica. Diante desse fato, o autor conjecturou:

Quais as contribuições dessas pesquisas para o ensino e aprendizagem da Geometria Analítica? Quais os rumos (tendências) a privilegiar nas próximas pesquisas? (DI PINTO, 2000, p. 3).

A partir do questionamento proposto, Di Pinto situou seu objetivo de pesquisa e o retomou de forma mais explicada na conclusão:

> [...] defini como objetivo deste trabalho fazer um inventário das pesquisas brasileiras em educação matemática sobre ensino e aprendizagem da Geometria Analítica da década de 90 (2000, p. 3).

> Neste trabalho, [empenhei-me em] analisar as produções científicas brasileiras da década de 90, mais especificamente aquelas voltadas ao processo de ensino e aprendizagem em geometria analítica, com o intuito de verificar os ganhos conquistados nestas obras, bem como sugerir rumos a privilegiar em futuras pesquisas (2000, p. 70).

Evidenciou-se, assim, a quarta atividade de pesquisa: "fazer questões específicas ou fazer uma conjectura argumentada".

Di Pinto declarou sua metodologia – quinta atividade de pesquisa – como sendo a da: "[...] pesquisa documental [...]" (DI PINTO, 2000, p. 4).

A sexta atividade, de "selecionar procedimentos específicos", partiu da leitura de algumas pesquisas sobre o estado da arte, como segue:

> [...] primeiramente li algumas pesquisas sobre estado da arte. [...] Isso me auxiliou a decidir pelos procedimentos metodológicos a seguir, dado que nada de especifico encontrei sobre esse tipo de pesquisa em livros de metodologia (DI PINTO, 2000, p. 4).

Di Pinto, após coletar artigos e teses sobre seu tema, analisou-os utilizando critérios sugeridos por Garnica e Pereira (1996) sobre os diferentes tipos de pesquisa em Educação Matemática. Cada obra, após seu fichamento, foi analisada e, posteriormente, comparada com as outras para que tivessem seus pontos comuns e não comuns evidenciados, o que possibilitaria "verificar os ganhos conquistados [em tais] obras, bem como sugerir rumos a privilegiar em futuras pesquisas" (p. 69). Para tanto, ao mesmo tempo em que realizava leituras sobre pesquisas do estado da arte, o autor coletava artigos em revistas científicas, livros, capítulos de livros, dissertações e teses que abordavam assuntos relativos ao ensino/aprendizagem da geometria analítica. Solicitou, por meio de sua orientadora, a pesquisadores brasileiros de diferentes instituições, que lhe enviassem indicações ligadas ao assunto de seu interesse. Devido à dificuldade encontrada para conseguir cópias de trabalhos por ele pedidos, juntou-se a grupos de pesquisa para visitar algumas instituições, a fim de verificar a existência e coletar material que pudesse ser utilizado em seu trabalho sobre o ensino e aprendizagem da geometria analítica.

A atividade descrita acima configurou a sétima atividade de pesquisa, relativa à "coleta de dados".

Após a coleta de dados e análise dos trabalhos selecionados, Di Pinto analisou cada obra e apresentou as suas inter--relações, sugerindo, em uma das suas considerações finais, que se deve:

> [...] diversificar os tipos de registros e representações; não optar por procedimentos chavões; não aplicar fórmulas sem significado; debater o significado do resultado encontrado na situação-problema com o educando; verificar as concepções do aluno acerca do objetivo matemático trabalhado; verificar a disponibilidade e pertinência do uso de ferramentas no tratamento da situação-problema criada — bem como sua eficácia —; explorar as ambigüidades [decorrentes dos] termos do cotidiano no contexto matemático; contextualizar sempre que possível; e, [finalmente,] criar condições para que se desenvolva o pensamento espacial do aluno fazem parte das contribuições dos

colegas pesquisadores, visando à melhoria do processo de ensino e aprendizagem [de] Geometria Analítica (DI PINTO, 2000, p. 71).

Dentre outras conclusões, o autor destacou que sua conjectura era verdadeira quando afirmou que:

> As pesquisas analisadas nesta obra procuraram, de alguma maneira, diagnosticar dificuldades diversas dos educandos e também sugerir uma abordagem alternativa dos objetos explorados, de modo a possibilitar, ao aluno, construir e aprender um conceito (DI PINTO, 2000, p. 70).

Além das conclusões citadas acima, o autor julgou importante o fato de que:

> [...] as pesquisas analisadas mostraram que, [independentemente] do objeto a ser estudado, deve-se buscar a sua significação, utilizando-se do maior número de recursos possíveis, explorando os quadros algébrico e geométrico concomitantemente, mesmo que a dificuldade dos educandos, em cada uma dessas áreas, acabe intervindo em sua aprendizagem. É oportuno lembrar, a todo momento, que só quando o aluno constrói e articula um objeto matemático ele lhe dará um significado (DI PINTO, 2000, p. 71).

Nessa fase de seu trabalho, Di Pinto "interpretou as informações coletadas", cumprindo, portanto, a oitava atividade.

O autor fez algumas sugestões de ensino, conforme o que segue:

> [...] recursos interativos, tais como a utilização dos *softwares* Cabri, Winplot, entre outros, em muito aumentam a significação e a visualização do objeto trabalhado para o estudante, apesar de eles muitas vezes

possuírem dificuldades próprias em manipular esses *softwares* (DI PINTO, 2000, p. 71).

Di Pinto apresentou também "problemas em aberto", sugeridos por suas análises:

[...] de acordo com a pesquisadora Marilena Bittar, sugiro a outros pesquisadores que, em seus trabalhos, explorem as concepções dos alunos acerca de um objeto matemático, verificando que conhecimentos (construídos de forma errônea ou não) eles mobilizariam para tratar o objeto de estudo (2000, p. 71).

Essas sugestões são procedimentos correspondentes à décima atividade, que é a "antecipação da ação de outros pesquisadores".

Di Pinto, ao procurar antecipar ações posteriores, revelou novos passos que podem ser seguidos por outros acadêmicos, abrindo, assim, espaço para a discussão de ideias dentro da comunidade científica, proporcionando uma maior reflexão sobre os fenômenos e processos envolvidos no ensino e aprendizagem da geometria analítica.

9. "Probabilidade condicional: um enfoque de seu ensino-aprendizagem" (FIGUEIREDO, Auriluci de Carvalho)

Fichamento da dissertação

Autor: Auriluci de Carvalho Figueiredo
Ano de defesa: 2000
Número de páginas: 158
Orientador: Benedito Antonio da Silva

Resumo:

Este trabalho tem por objetivo introduzir o conceito da Probabilidade Condicional em cursos de Estatística na Universidade. Para isso, elaboramos, aplicamos e analisamos os resultados de uma seqüência de ensino levando[-se] em consideração os princípios de uma Engenharia Didática.

Esta seqüência de ensino é composta de quatro atividades que foram criadas baseando-se nas situações didáticas apresentadas por Carmen Batanero e outros autores, com o intuito de fazer o aluno refletir sobre circunstâncias que envolvam não só a Probabilidade Condicional, bem como os conceitos ligados ao Teorema da Probabilidade Total e o Teorema de Bayes.

Para trabalhar com tais conceitos, articulamos, nas questões das atividades, diferentes registros de representação: linguagem natural, simbólica, diagrama de árvore e tabela de contingência, tomando como base a Teoria de Registros de Representação de Raymond Duval.

Aplicamos esta seqüência aos alunos dos cursos de Licenciatura de Matemática e Ciência da Computação e, diante dos protocolos desses alunos, concluímos que nossa seqüência os auxiliou a minimizar as dificuldades levantadas por nós e pelos pesquisadores e, ao mesmo tempo, indicou temas para futuras pesquisas na área.

Dentre outras conclusões, ressaltamos que a maioria dos alunos, diante de questões que envolviam a Probabilidade Condicional, diferenciaram esta da Probabilidade da Interseção de Eventos e o Cálculo da P(A/B) do de P(B/A), desde que estes se apresentassem nas perguntas em linguagem natural. No entanto, quando questões análogas foram apresentadas na linguagem simbólica, muitos alunos mostraram dificuldades em resolvê-las.

Objetivo da pesquisa:

[O objetivo é apresentado na conclusão]: "Nosso trabalho teve como objetivo introduzir o conceito de probabilidade condicional em cursos de Estatística da Universidade". (p. 142).

Questão geral:
Como introduzir o conceito de probabilidade condicional em cursos da Universidade, de maneira a minimizar essas dificuldades? (p. 50).

Questões específicas:
- Os alunos, diante de um problema que envolva eventos, conseguem identificar os dependentes e os independentes?
- Diante de situações que envolvam condicional, será que eles [a] diferenciarão da interseção de eventos?
- Os alunos conseguem fazer algumas representações ligadas à Probabilidade Condicional?
- Será que eles vão saber diferenciar o cálculo de P(A/B) de P(B/A)?
- Os alunos aplicarão o conceito da condicional para problemas que envolvam o Teorema das Probabilidades Totais e Teorema de Bayes? (p. 51).

Metodologia:
A elaboração e a aplicação da seqüência, bem como a análise dos resultados, baseiam-se nos princípios da Engenharia Didática como Metodologia de Pesquisa, que, segundo Michèle Artigue, se caracteriza por um esquema experimental baseado nas realizações didáticas em sala de aula e trata das concepções, realizações, observações e análise de seqüência de ensino (p. 59).

Fundamentação teórica:
Este trabalho foi desenvolvido com base em elementos da obra "Azar e Probabilidade" de Batanero, Godino e Cañizares (sobre Probabilidade e Estatística), assim como na Teoria de Registro de Representação, de Raymond Duval, e no capítulo "Utilização das Árvores no Ensino de Probabilidades", de Bernard Parzysz (livro: "Ensinar as Probabilidades no Ensino Médio") (pp. 52-57).

Palavras-chave:
Probabilidade condicional, situações didáticas, registros de representação, diagrama de árvore, tabela de contingência.

Conclusão:
Verificamos, no final das aplicações dessas atividades, que [...] nos proporcionaram condições de respondermos às questões formuladas na problemática [...].

- A maioria dos alunos diferenciava os eventos dependentes dos independentes, tomando como base, para isso, a interpretação do enunciado e a montagem da "árvore de probabilidades" e a "tabela de contingência" (p. 143).

- Os alunos, quase na sua totalidade, aplicavam o conceito da Condicional para problemas que envolvessem o Teorema de Probabilidade Total e o Teorema de Bayes de maneira implícita, sem precisar formalizá-los (p. 143).

- Diante das situações que envolviam a condicional, a maioria dos alunos a diferenciava da interseção de eventos, desde que as situações se apresentassem na linguagem natural (p. 143).

- A maioria dos alunos diferenciava o cálculo da probabilidade condicional $P(A/B)$ de $P(B/A)$ desde que esta se apresentasse nas perguntas em linguagem natural (p. 143).

Sugestão para o ensino:
Como a nossa abordagem facilitou a aprendizagem desses alunos, encorajamo-nos a sugerir que as Escolas de Ensino Fundamental e Médio sigam as sugestões dos PCN e das Propostas Curriculares dos Estados de trabalhar com as probabilidades, utilizando a "árvore de probabilidades" e a "tabela de dupla entrada", no Ensino Fundamental, e a Probabilidade Condicional [por meio] das "situações conjuntistas" nos "diagramas de árvore", no Ensino Médio (p. 145).

Sugestão para pesquisadores:

Acreditamos que, para afirmarmos qualquer ligação entre as dificuldades apresentadas pelos alunos em interpretar a notação simbólica da condicional e o desenvolvimento histórico dessa representação, é preciso fazer mais investigações sobre o uso de tal notação (p. 144).

Constatamos, também, que os alunos compreendem melhor uma Probabilidade quando esta se apresenta no registro de porcentagem do que no de fração, embora consigam operar melhor com fração do que com porcentagem. Acreditamos que esse fato deva ser motivo de mais investigações para sabermos quais são as concepções que os alunos têm da representação da Probabilidade através do número na forma decimal ou fracionária (p. 144).

Referências bibliográficas:

[Das 34 referências constantes da bibliografia, indico a seguir apenas aquelas que se referem a autores citados neste fichamento]:

ARTIGUE, Michèle. *Ingeniería Didáctica*. Ingeniería Didáctica em Educación Matemática, Grupo Editorial Iberoamérica, p. 33-59, Bogotá, 1995.

BATANERO, Carmen Bernabeu. *Didáctica de la Probabilidad y Estadística*. Universidade de Campinas, Brasil, 1999.

_____. Teaching Statistcs, v. 21, n.º 01, Section of de IASE, p. 1 – 4, Summer, 1999.

DUVAL, Raymond. *L'analyse cognitive du Fonctionnement de la pensée et de l'activité mathématique*. PUC/SP, Février, 1999.

GODINO, J. Dias, BATANERO, M. C., CAÑIZARES, M. J. *Azar y Probalidad*. Madrid: Sinteses, 1996.

PARZYSZ, Bernard. Des Statistiques aux Probabilités – Exploitons les Arbres. *Repères* – IREM de Paris, número 10, p. 91-104, janvier 1993.

_____ Utilisation des arbres dans l'enseignement des probabilités. HENRY, Michel, CHAPUT, Brigitte (coord). *Enseigner les probabilités au lycée*. IREM de Reims, p. 224-238, juin 1997.

Análise da dissertação

A dissertação de Auriluci de Carvalho Figueiredo foi defendida em 2000. Participaram da banca examinadora os professores Benedito Antonio da Silva (orientador), Saddo Ag Almouloud – ambos da PUC-SP – e Dione Lucchesi de Carvalho, da Unicamp.

Figueiredo relatou, em seu trabalho, que atuava como professora havia quinze anos nos níveis fundamental, médio e superior. Em 1995, teve sua primeira experiência como professora de estatística e, desde essa época, vinha observando as dificuldades dos alunos com esse assunto.

Figueiredo procurou autores que tratassem das dificuldades encontradas na aprendizagem de estatística pelos alunos. Analisando várias pesquisas publicadas por investigadores do Brasil, França e Espanha, percebeu que tais dificuldades ocorriam com alunos do mundo todo. A autora revelou que:

> Elegemos trabalhar com o "Conceito de Probabilidade Condicional" na Universidade (FIGUEIREDO, 2000, p. 8).

Assim, Figueiredo indicou o "fenômeno particular" que a interessava, o que, conforme Romberg, refere-se à primeira atividade de pesquisa.

A autora, por meio de sua prática docente, percebeu que muitos alunos apresentavam grandes dificuldades na manipulação de conceitos ligados à probabilidade. Dentre essas dificuldades, o que mais lhe chamou a atenção foi a dificuldade dos alunos em situações que envolviam o conceito de probabilidade condicional.

A autora fez um levantamento bibliográfico, interessada em conseguir descobrir se suas observações eram compartilhadas por outros professores e/ou pesquisadores. Em nível internacional, a autora constatou a existência de um elevado número de pesquisas e teses publicadas na área de probabilidade, dentre as quais, encontramos situações que envolviam a probabilidade condicional.

Para uma melhor compreensão do tema, a autora se fundamentou teoricamente em pesquisadores que refletiram sobre aspectos importantes da teoria da probabilidade e que, por isso, são úteis e indispensáveis aos campos científicos, profissional e social.

A autora declarou, então, que seu trabalho:

> [...] foi desenvolvido com base em elementos da obra "Azar e Probabilidade" de Batanero, Godino e Cañizares (sobre Probabilidade e Estatística), assim como na Teoria de Registro da Representação de Raymond Duval, e no capítulo "Utilização das Árvores no Ensino de Probabilidades", de Bernard Parzysz, do livro "Ensinar as Probabilidades no Ensino Médio" (FIGUEIREDO, 2000, p. 52).

Como se pode observar, Figueiredo se apoiou em outros estudiosos procurando relacionar o tema de sua escolha às ideias de outros pesquisadores, caracterizando a "interlocução" com outros autores, assunto da terceira atividade.

A confrontação dos resultados das pesquisas sobre seu tema e de sua própria experiência docente levou Figueiredo à seguinte questão geral:

Como introduzir o conceito de probabilidade condicional em cursos da Universidade, de maneira a minimizar essas dificuldades? (2000, p. 50)

Figueiredo formulou algumas questões específicas para seu trabalho, julgando que essas questões fossem fundamentais, não só para um bom entendimento do conteúdo por parte dos alunos, uma vez que também serviriam de "guias" para suas conclusões. São elas:

> - Os alunos, diante de um problema que envolva eventos, conseguem identificar os dependentes e os independentes?
> - Diante de situações que envolvam condicional, será que eles [a] diferenciarão da interseção de eventos?
> - Os alunos conseguem fazer algumas representações ligadas à Probabilidade Condicional?
> - Será que eles vão saber diferenciar o cálculo de P(A/B) de P(B/A)?
> - Os alunos aplicarão o conceito da condicional para problemas que envolvam o Teorema das Probabilidades Totais e Teorema de Bayes? (2000, p. 51).

Dessa forma, Figueiredo explicita, na conclusão de seu trabalho, o objetivo de sua pesquisa, como sendo:

> [...] Nosso trabalho teve como objetivo introduzir o conceito de probabilidade condicional em cursos de Estatística da Universidade (2000, p. 142).

Tais procedimentos indicam a execução da quarta atividade de pesquisa: "fazer questões específicas ou fazer uma conjectura argumentada".

Para atingir seu objetivo, a autora utilizou os princípios da engenharia didática, como metodologia de sua pesquisa, conforme descrição:

A elaboração e a aplicação da seqüência, bem como a análise dos resultados, baseiam-se nos princípios da Engenharia Didática como Metodologia de Pesquisa, que, segundo Michèle Artigue, se caracteriza por um esquema experimental baseado nas realizações didáticas em sala de aula e trata das concepções, realizações, observações e análise de seqüência de ensino (FIGUEIREDO, 2000, p. 59).

Tal posicionamento confirma o que Romberg comenta sobre a quinta atividade de pesquisa: a decisão sobre a "metodologia a ser utilizada" advém diretamente das questões selecionadas.

A mestranda, tendo por finalidade introduzir o Conceito de Probabilidade Condicional, selecionou a estratégia de engenharia didática que, de acordo com a teoria apresentada por Artigue, visa exatamente à elaboração de sequências didáticas na consecução de pesquisa.

Quando Figueiredo menciona as fases da engenharia didática, como descritas por Artigue:

- Primeira fase – Análises preliminares: levantamento das concepções envolvidas. Nessa fase, buscam-se os quadros teóricos orientadores do processo.

- Segunda fase – Concepção e análise *a priori:* nessa fase, o investigador decide por um determinado número de variáveis. São variáveis pertinentes ao problema estudado. Seu objetivo é determinar que seleções de variáveis melhor permitir[ão] controlar o comportamento dos estudantes.

- Terceira fase – Experimentação: fase da realização da engenharia com [...] certa população de alunos. Ela começa quando pesquisador, professor e observadores entram em contato com essa população de alunos, e é nessa fase que ocorre também "Formalização" ou "Institucionalização" dos conceitos trabalhados na atividade aplicada.

- Quarta fase – Análise *a posteriori:* baseia-se num conjunto de dados recolhidos ao longo da experimentação, assim como [das] observações realizadas durante a aplicação na sequência de ensino (2000, p. 59-60).

Está, na verdade, apresentando a seleção dos procedimentos específicos para atingir seu objetivo de pesquisa – etapa essa que Romberg denominou como sexta atividade de pesquisa, "selecionar procedimentos específicos" (a qual propicia a coleta de dados).

Para a coleta de dados, Figueiredo aplicou uma sequência didática composta de quatro atividades aos alunos do 3° ano de Licenciatura em Matemática e Ciência da Computação, da Universidade Católica de Santos (UNISANTOS), tendo o professor da turma lá permanecido durante todo o tempo da aplicação, não interferindo em nenhuma atividade. Os alunos desses dois cursos assistiram a algumas disciplinas juntos – sendo Estatística uma delas – com uma carga horária de noventa horas anuais. O trabalho se realizou em três sessões:

- A primeira sessão (atividades 1 e 2) ocorreu no dia 28 de agosto de 2000 com duração de noventa minutos. Compareceram 32 alunos que foram divididos em duplas, de acordo com suas próprias escolhas.
- A segunda sessão (atividade 3) foi realizada no dia 03 de setembro de 2000, com a participação de 21 alunos, divididos em duplas, (uma vez que a divisão não era exata, um dos alunos juntou-se a uma das duplas), com duração de trinta e cinco minutos.
- A terceira sessão (atividade 4) foi aplicada no dia 24 de setembro de 2000, com a participação de 29 alunos – três semanas após a realização da terceira.
- A quarta – e última – fase constituiu-se das análises dos resultados e confrontação dos resultados das análises para a validação da pesquisa.

Tais observações indicam a postura de Figueiredo durante a experimentação, caracterizando a sétima atividade de pesquisa: "coleta de informação".

A autora verificou que, no final das atividades propostas, estas lhe proporcionaram condições de responder às questões formuladas na problemática [...].

- A maioria dos alunos diferenciava os eventos dependentes dos independentes, tomando como base, para isso, a interpretação do enunciado e a montagem da "árvore de probabilidades" e a "tabela de contingência" (p. 143).

- Os alunos, quase na sua totalidade, aplicavam o conceito da Condicional para problemas que [envolviam] o Teorema de Probabilidade Total e o Teorema de Bayes de maneira implícita, sem precisar formalizá-los (p. 143).

- Diante das situações que envolviam a condicional, a maioria dos alunos a diferenciava da interseção de eventos, desde que as situações se apresentassem na linguagem natural (p. 143).

- A maioria dos alunos diferenciava o cálculo da probabilidade condicional P(A/B) de P(B/A) desde que esta se apresentasse nas perguntas em linguagem natural (p. 143).

Além disso, Figueiredo declara que:

> [...] O resultado de nosso trabalho confirma que as sugestões dadas por Batanero contribuíram para o desenvolvimento de uma seqüência de ensino a fim de que os alunos conseguissem construir o conceito de Probabilidade Condicional e melhor trabalhassem com os conceitos que o envolvem [...] (2000, p. 145).

O que se relaciona à oitava atividade de pesquisa: "interpretação das informações coletadas".

Figueiredo deixa como "sugestão" que as escolas de ensino fundamental e médio sigam as sugestões dos PCN e das Propostas Curriculares dos estados de trabalhar com as probabilidades, utilizando a "árvore de probabilidades" e a "tabela de dupla entrada", no ensino fundamental, e a Probabilidade Condicional, por meio das "situações conjuntistas" nos "diagramas de árvore", no ensino médio.

A autora também acredita que se fazem necessárias mais pesquisas acerca de como articular os registros utilizados em sua sequência e os conteúdos do ensino básico para se trabalhar com outros conceitos ligados à probabilidade. Assim sendo, antecipa ações posteriores, revelando novos passos que podem ser dados dentro da comunidade científica, proporcionando uma maior reflexão sobre os fenômenos e processos envolvidos no ensino e aprendizagem da matemática.

Esse procedimento corresponde à atividade dez de Romberg, referente à "antecipação da ação de outros pesquisadores".

10. "Novas tecnologias no ensino do conceito de limite de função" (SARAIVA, Ronaldo Penna)

Fichamento da dissertação

Autor: Ronaldo Penna Saraiva
Ano de defesa: 2000
Número de páginas: 143
Orientadora: Sonia Barbosa Camargo Igliori

Resumo:

O objetivo desta pesquisa é avaliar os ganhos pedagógicos que [podem ser obtidos] no ensino do conceito de limite quando utilizamos meios tecnológicos (computadores e/ou calculadoras gráficas), introduzindo o conceito de limite [por meio de] atividades relacionadas [à] evolução histórica desse conceito.

Objetivo da pesquisa:

- O objetivo deste é o de avaliar os ganhos pedagógicos que [podem ser obtidos] no ensino do conceito de limite quando utilizamos instrumentos tecnológicos (calculadoras, computadores, *softwares* etc.) (p. 10).

- [...] colocamos como problema de pesquisa **a investigação dos efeitos** (grifo meu) na aprendizagem de uma abordagem de ensino norteada por referenciais que, a nosso ver, poderiam ser eficazes: a evolução histórica do conceito conjugada com o uso de novas tecnologias [p. 70].

- [...] o objetivo desta pesquisa é apresentar uma seqüência didática utilizando recursos históricos e computacionais que possibilitem conceituar limite (p. 71).

Metodologia:

a) Quadro teórico: neste item procuramos fundamentar os conceitos e teorias nas quais este trabalho foi baseado e **qual metodologia** (grifo meu) foi utilizada (Introdução, p. 10).

Os procedimentos de pesquisa, embora não estejam discriminados explicitamente, podem ser percebidos ao longo da dissertação. Foi feito um pré-teste (p. 56), cujos resultados auxiliaram na feitura da seqüência didática. O aluno também analisou livros didáticos e retratou um estudo epistemológico da noção de limite. Essa seqüência didática foi elaborada e aplicada a 10 alunos de um 3.º ano de licenciatura em Matemática. Os resultados da coleta de dados foram analisados [por meio de] de uma confrontação de resultados do pré-teste aplicado a 32 alunos e de um teste aplicado a 10 alunos no final da seqüência.

Fundamentação teórica:
[O autor utilizou as seguintes ideias e/ou teorias]:

- Y. Chevallard (1991) e Brousseau (1986) — para noções de transposição didática utilizada na análise dos livros didáticos.
- N. Balacheff (1991) — noções de transposição informática para colocar o aluno em contato não só com as concepções do professor acerca do conceito de limite, mas também com as representações do *software* e sua interface.
- M. Artigue (s/d) — para levantamento dos problemas epistemológicos e cognitivos da noção de limite.

Palavras-chave:
Não constam.

Conclusão:
A utilização de ferramentas informatizadas aliada a procedimentos históricos relacionados com os conceitos de integral e derivada — e, conseqüentemente, com o de limite — possibilitou a organização de nossa seqüência didática de modo a explorar idéias relacionadas às noções de proximidade, [tendo estas ações auxiliado] na conceituação de limite (p. 136).

Embora esta pesquisa não tratasse dos aspectos algébricos e da definição de limite, os resultados apresentados no pós-teste mostraram-se superiores aos do pré-teste, ou seja, a seqüência didática proposta dá subsídios para que, antes de se calcular o limite algebricamente, o aluno saiba qual é o limite em questão. Tais subsídios foram apresentados nos resultados do pós-teste (p. 136).

O teste aplicado *a posteriori* indica que a seqüência proposta nesta pesquisa possibilitou a evolução do conhecimento dos alunos, no que diz respeito à interpretação gráfica de limite. O acerto das questões [relacionadas a tal interpretação] foi de 100% (p. 136).

Sugestão para o ensino:

Ao desenvolvermos nossa pesquisa, pretendíamos também [divulgar] idéias que pudessem subsidiar o ensino do Cálculo Diferencial e Integral, disciplina cujo índice de reprovação é bastante alto. Nossa proposta é que é preciso elaborar novas formas para a introdução e/ou para o desenvolvimento inicial do conceito de limite de função. Nossa seqüência didática pode se apresentar como fonte de pesquisa para professores dos primeiros anos de cursos superiores na área de Ciências Exatas (pp. 136-137).

Referências bibliográficas:

[Das 24 referências constantes da bibliografia, indico a seguir apenas aquelas que se referem a autores citados neste fichamento]:

ARTIGUE, M. (1993) Enseignement de l'analyse et fonctions de référence. In : Repères, IREM, vol 11, p.115-139. Paris.

_____ L'enseignement des debuts de l'analyse: Problèmes epistemologiques, cognitifs et didactiques. Paris: Mimeo, Univ. Paris VII, s/d.

BALACHEFF, N. *Contribuition de la didactique et de l'epistémologie aux recherches en* EIAO. In: *Actes des XIIIº jounées Francophones de l'informatique.* IMAG-CNRS. Grenoble: Ed. C. Belissant, 1991.

BROUSSEAU, G. *Foundements et methods de la didactiques des mathéma*tiques. In: Research en didactique des mathématiques, v. 7, n.º 2. Grenoble: Ed. La Pensée Sauvage, 1986.

CHEVALLARD, Y. JOSHUA, M. A. *La transposition didactique.* Grenoble: Ed. La Pensée Sauvage ed., 1991.

Análise da dissertação

A dissertação de Ronaldo Penna Saraiva foi defendida em 2000. Participaram da banca examinadora os professores: Sônia Camargo Barbosa Igliori (orientadora), Saddo Ag Almouloud – ambos da PUC-SP – e Janete Bolite Frant, da USU-RJ.

Ronaldo Saraiva, amparando-se em sua prática como professor da disciplina Cálculo Diferencial e Integral, chegou à conclusão de que poucos alunos compreendiam o conceito de limite. O autor conjecturou que as dificuldades com a conceituação de limite se deviam ao fato do ensino tradicional estar focado no cálculo algébrico desse conceito.

Assim, Saraiva indicou como "fenômeno de seu interesse" a noção de limite no ensino de Cálculo Diferencial e Integral, ficando assim caracterizada a primeira atividade de pesquisa.

Na busca de resultados de pesquisas sobre o tema escolhido, o autor privilegiou aquelas sobre ensino de cálculo de Artigue, Robinet e de Dubinsky. Para embasar sua pesquisa, o autor utilizou as teorias da transposição didática, de Chevallard, e da transposição informática, de Balacheff. Assim, Saraiva realizou uma "interlocução" com diferentes autores, contextualizando e encontrando subsídios para fundamentar suas questões de pesquisa. Fica cumprida, assim, a terceira atividade de pesquisa.

O autor em seu texto explicitou o seguinte:

> [...] como problema de pesquisa, a investigação dos efeitos na aprendizagem de uma abordagem de ensino norteada por referenciais que, ao nosso ver, poderiam ser eficazes: a evolução histórica do conceito conjugada com o uso de novas tecnologias (SARAIVA, 2000, p. 70).

Interpreto esse trecho como a seguinte conjectura: se a noção de limite for abordada [por meio] de uma sequência que leve em conta a evolução histórica do conceito, bem como a utilização de *software* apropriado, os alunos poderão compreender melhor essa noção.

A parte relativa ao uso da informática é justificada pelo autor pelo fato de que o uso do computador pode favorecer a aprendizagem de conceitos, uma vez que muitos dos esforços de cálculo ficam minimizados.

Como consequência dessa "conjectura", Saraiva declarou seu objetivo de pesquisa, como sendo:

> [...] apresentar uma sequência didática utilizando recursos históricos e computacionais que possibilitem conceituar limite, tendo como alvo contribuir para a melhoria das condições de ensino-aprendizagem deste conceito (2000, p. 71).

Dessa forma, fica evidenciada a quarta atividade de pesquisa: "fazer questões específicas ou fazer uma conjectura argumentada".

O autor não dedica item específico à sua metodologia, porém há indicações sobre seus procedimentos de pesquisa ao longo do texto.

Saraiva descreveu os seguintes procedimentos metodológicos:

Primeiramente, realizou estudos bibliográficos sobre o tema de sua pesquisa, além de ter feito uma análise do desenvolvimento da noção de limite em diversos livros didáticos, e um estudo epistemológico do conceito de limite. Ainda nessa fase, o aluno aplicou um pré-teste a 33 alunos do segundo ano de um curso de engenharia (pp. 24-68).

Após tal procedimento, foi elaborada a sequência didática. Esta foi composta por três atividades — atividades essas que sofreram uma análise *a priori* do autor. Depois da aplicação da sequência a 10 alunos do 3º ano de uma licenciatura em Matemática, Saraiva fez uma análise *a posteriori* das atividades.

Para validar sua pesquisa, o autor aplicou um pós-teste aos alunos e comparou o resultado do mesmo com o resultado do pré-teste aplicado a outra população.

Assim, foi caracterizada a sexta atividade de pesquisa que corresponde a "selecionar procedimentos específicos".

A coleta de dados se deu através da sequência aplicada. As três atividades da sequência foram aplicadas no laboratório de Informática e o pós-teste foi aplicado em sala de aula, sem o uso de recursos tecnológicos:

> A atividade 1 foi desenvolvida com o auxilio do *software* MPP, pois a atividade exige que este *software* seja utilizado.
> As atividades 2 e 3 foram desenvolvidas pelos alunos com o auxilio dos *softwares* Excel e Derive, pois são *softwares* com que eles têm um maior contato.
> No pós-teste, que foi aplicado em sala de aula, os alunos não utilizaram nenhuma ferramenta *(softwares* ou calculadoras) (SARAIVA, 2000, p. 114).

Assim, fica configurada a sétima atividade de pesquisa "coleta de informação".

Em seguida à coleta de dados e às devidas análises, Saraiva fez uma comparação dos resultados do pré-teste aplicado aos alunos da Engenharia com o pós-teste, aplicado a 10 alunos da licenciatura em Matemática que participaram da sequência didática proposta pelo autor. Essa comparação sugeriu, ao autor, algumas de suas conclusões:

> Embora esta pesquisa não tratasse dos aspectos algébricos e da definição de limite, os resultados apresentados no pós-teste mostraram-se superiores aos do pré-teste, ou seja, a seqüência didática proposta dá subsídios para que, antes de se calcular o limite algebricamente, o aluno saiba qual é o limite em questão. [Tais] subsídios [...] foram apresentados nos resultados do pós-teste (SARAIVA, 2000, p. 136).

Dentre outras conclusões, o autor evidenciou que a conjectura revelada, no início, era verdadeira, conforme nos atesta o trecho abaixo:

> A utilização de ferramentas informatizadas aliada a procedimentos históricos relacionados com os conceitos de integral e derivada — e, conseqüentemente com o de limite — possibilitou a organização de nossa seqüência didática de modo a explorar ideias relacionadas às noções de proximidade e estas noções auxiliam na conceituação de limite (SARAIVA, 2000, p. 136).

Assim, a apresentação da sequência didática, utilizando recursos históricos e computacionais, realizada por Saraiva, teve como consequência:

> O teste aplicado *a posteriori* indica que a sequência proposta nesta pesquisa possibilitou a evolução do conhecimento dos alunos, no que diz respeito à interpretação gráfica de limite. O acerto das questões [relacionadas a tal interpretação] foi de 100% (SARAIVA, 2000, p. 136).

No caso, o autor concluiu que tal sequência possibilitou a evolução do conhecimento dos alunos, no que diz respeito à interpretação gráfica de limite. Isso quer dizer que houve uma evolução no conhecimento dos alunos sobre limites, porém não foi possível, a Saraiva, concluir que os alunos "conceituaram" limite. Tal impossibilidade, absolutamente, não invalida a pesquisa, porém mostra que nem sempre é possível atingir todos os resultados almejados.

A conclusão de sua dissertação corresponde à oitava atividade de pesquisa: "interpretação das informações coletadas".

O autor fez sugestões para o ensino de Cálculo ao escrever que:

Ao desenvolvermos nossa pesquisa, pretendíamos também [divulgar] idéias que pudessem subsidiar o ensino do Cálculo Diferencial e Integral, disciplina cujo índice de reprovação é bastante alto. Nossa proposta é que é preciso elaborar novas formas para a introdução e/ou para o desenvolvimento inicial do conceito de limite de função. Nossa seqüência didática pode se apresentar como fonte de pesquisa para professores dos primeiros anos de cursos superiores na área de Ciências Exatas (SARAIVA, 2000, p. 137).

Este procedimento corresponde à décima atividade de pesquisa: "antecipar as ações de outros".

CAPÍTULO 3

CONSIDERAÇÕES FINAIS

O objetivo deste livro foi o de analisar e categorizar as dissertações do Programa de Estudos Pós-Graduados em Educação Matemática da Pontifícia Universidade Católica de São Paulo, cujo tema se referisse ao ensino superior. Na análise, decidi privilegiar as metodologias que possibilitaram tais investigações.

Após análise de cada uma das dissertações, para melhor poder categorizá-las, segundo alguns aspectos de atividades de pesquisa, elaborei um primeiro quadro, evidenciando o ano de início e da defesa, o tema, objetivo e metodologia geral, de pesquisa, empregados pelos autores dessas obras. No entanto, cabe lembrar que tais informações se encontram dispostas dessa maneira apenas para auxiliar na análise desta pesquisa, pois, conforme nos alerta Romberg (1992, p. 51), tais procedimentos não podem, na prática, ser separados tão ordenadamente.

Após as análises sugeridas pelo primeiro quadro, elaborei um segundo quadro que enfocou mais especificamente a metodologia e procedimentos metodológicos utilizados pelos mestres, o que possibilitou realçar alguns procedimentos comuns ou contrastantes entre os autores participantes desta pesquisa.

A seguir, apresento o primeiro quadro:

quadro I

AUTOR	TEMA	OBJETIVO	METODOLOGIA
CAVALCA INÍCIO 94 DEFESA 97	GEOMETRIA ANALÍTICA: VISUALIZAÇÃO	Criar uma sequência didática, buscando favorecer o **desenvolvimento das capacidades** de interpretar e fazer representações gráficas planas de objetos do espaço, e de resolver problemas, utilizando processos apoiados na visualização.	Sequência didática, princípios da Engenharia Didática.
OLIVEIRA INÍCIO 94 DEFESA 97	CDI : CONCEITO DE FUNÇÃO	Elaborar uma sequência didática para fazer avançar as **concepções dos alunos** sobre o conceito de função, ou seja, para que haja uma evolução qualitativa na forma como os alunos concebem tal noção.	Sequência didática, princípios da Engenharia Didática.
BARBOSA INÍCIO 96 DEFESA 99	CIÊNCIAS DA COMPUTAÇÃO: ALGORITMOS	Fazer uma análise comparativa das produções de estudantes feitas em linguagem natural, face à **representação de algoritmos** em pseudocódigo.	Sequência didática, princípios da Engenharia Didática.
MUNHOZ INÍCIO 97 DEFESA 99	GEOMETRIA ANALÍTICA: TERMOS GEOMÉTRICOS	Investigar se **alguns termos geométricos**, mais utilizados em Geometria Analítica, têm seu significado **impregnado por seu sentido cotidiano.**	Teste diagnóstico, princípios da Engenharia Didática.

CELESTINO INÍCIO 98 DEFESA 00	ÁLGEBRA LINEAR: ESTADO DA ARTE	Apresentar e analisar o **panorama** das pesquisas brasileiras, realizadas na década de 90, sobre o ensino-aprendizagem da Álgebra Linear.	Estado da arte, pesquisa documental.
CURI INÍCIO 98 DEFESA 00	FORMAÇÃO DE PROFESSORES	Contribuir para uma reflexão sobre as **transformações** necessárias nos cursos de **Licenciatura em Matemática** e delinear o perfil de professores de Matemática, suas concepções sobre Matemática, seu ensino e suas competências profissionais.	Análise de um curso de formação de professores.
DALL'ANESE INÍCIO 98 DEFESA 00	CDI: CONCEITO DE DERIVADA	Elaborar uma sequência didática que contribua para o ensino e aprendizado do **conceito** de derivada a partir da noção de variação.	Sequência didática, princípios da Engenharia Didática.
DI PINTO INÍCIO 97 DEFESA 00	GEOMETRIA ANALÍTICA: ESTADO DA ARTE	Fazer um **inventário** das pesquisas brasileiras em educação matemática sobre ensino e aprendizagem de **Geometria Analítica** da década de 90.	Estado da arte, pesquisa documental.
FIGUEIREDO INÍCIO 98 DEFESA 00	ESTATÍSTICA: CONCEITO PROBABILIDADE CONDICIONAL	Introduzir o **conceito** de probabilidade condicional em cursos de Estatística da Universidade.	Sequência didática, princípios da Engenharia Didática.
SARAIVA INÍCIO 98 DEFESA 00	CDI : CONCEITO DE LIMITE	Apresentar uma sequência didática, utilizando recursos históricos e computacionais que possibilitem **conceituar** limite.	Sequência didática, teoria das situações didáticas.

É interessante notar, primeiramente, que, dos dez autores, seis concluíram seu mestrado em três anos e quatro deles em quatro anos. Assim, esses alunos tiveram mais tempo do que o estabelecido atualmente (dois anos), para desenvolver suas dissertações.

Sete dos temas abordados referem-se a disciplinas de matemática; três abordam Cálculo Diferencial e Integral; três compreendem a Geometria Analítica; e um deles, a Álgebra Linear. Os outros três temas abordam a Estatística, Algoritmos e um curso de formação complementar de professores. Fica, assim, evidente, a preferência dos autores por temas da matemática "pura", especificamente por matérias básicas de, praticamente, todos os cursos da área de exatas. Essa preferência pode ser justificada pelo fato de todos terem declarado ser professores – nove deles do ensino superior.

Dentre os dez objetivos declarados nas obras, seis deles pretenderam colaborar com, ou investigar, as concepções dos alunos sobre algumas noções matemáticas. Dois objetivaram apresentar e analisar pesquisas sobre determinados temas e uma das metas traçadas pretendeu desenvolver habilidades de visualização. Outro dos objetivos quis investigar o significado dado a termos geométricos. O exposto permite inferir que havia, entre a maioria dos autores, uma grande preocupação com a concepção dos alunos sobre algumas noções matemáticas.

A maioria das dissertações defendidas (seis dissertações dentre as dez apresentadas) durante o período compreendido entre 1997 a 2000 optou pela elaboração e aplicação de uma sequência e/ou experimentação didática, baseando-se em princípios da engenharia didática, conforme apresentados por Michèle Artigue (1995 e 1998). Tal constatação revela uma influência da didática francesa presente nos cursos ministrados pelo Programa de Estudos Pós-Graduados em Educação Matemática da PUC-SP, uma vez que, desde 1994, o corpo docente de tal instituição contou com a colaboração de especialistas tanto do Brasil quanto do exterior, em especial da França.

Ao utilizar os recursos metodológicos oferecidos pela engenharia didática, verifiquei que os pesquisadores procuraram construir e implementar maneiras válidas e confiáveis de detectar e avaliar os resultados do ensino e aprendizagem de matemática, evitando efeitos colaterais indesejáveis, que, de acordo com Niss, vêm a ser um dos objetivos a ser almejado por pesquisadores em Educação Matemática (NISS, 1999, p. 8).

Saraiva (2000) não manifestou explicitamente a metodologia utilizada; no entanto, os procedimentos por ele utilizados dão indícios de que realizou uma sequência didática. Além disso, o autor cita, em várias passagens do texto, análises denominadas *a priori* e *a posteriori*, sem, no entanto, discriminar a que metodologia elas se referiam.

Antes de fazer uma análise "mais fina" sobre a metodologia e procedimentos metodológicos, apresento o quadro abaixo, que versa sobre a interlocução dos autores com pesquisadores de seu tema e teóricos que embasaram suas análises:

quadro 2

Autor	Duval	Brousseau	Chevallard	Dorier	Principal	Outros	Total
Cavalca					Bishop	Boudarel, Costa, Lerouge	5
Oliveira		Principal				Douady, Piaget, Vergnaud	6
Barbosa	Principal						2
Munhoz	Principal					Rogalski, Durkin e Shire	3
Celestino				Principal		Niss, Kilpatrick, Fiorentini	4

Curi					Perrenoud	Garcia	2
Dall'anese					Fosnot		3
Di Pinto			Principal			Hillel, Sierpinska, Garnica	4
Figueiredo	Principal					Parzysz, Godino, Batanero	4
Saraiva		Principal				Artigue, Balacheff	4
Total	5	4	3	2	3	20	**37**

O quadro acima mostra, indiscutivelmente, a diversidade de interlocução dos autores. No entanto, fica evidente a preferência dos pesquisadores pela linha francesa da didática da matemática: sete dissertações tiveram como principal referência didatas franceses: Duval (3), Brousseau (2) e Dorier (2). Dos 37 nomes referidos, 21 são de didatas franceses. Duval é citado por cinco autores. Em tal caso, é de se pensar que a vinda desse pesquisador ao Programa como professor visitante possibilitou um contato direto desses alunos com o pesquisador, o que pode ter provocado a utilização de sua teoria como base para análises.

quadro 3

Autor	METODOLOGIA		AMBIENTE MATERIAL		VALIDAÇÃO DA PESQUISA	
			Sala de	Material	Interna	Externa
Cavalca	Sequência didática	Engenharia didática	aula	Concreto: (sólidos geométricos)		
Oliveira	Sequência didática	Engenharia didática	aula			
Barbosa	Sequência didática	Engenharia didática	aula	baralho		
Munhoz	Teste diagnóstico	Engenharia didática	aula	Concreto: (sólidos geométricos)		
Celestino	Pesquisa documental	Estado da arte				
Curi	Análise de curso					
Dall'anese	Sequência didática	Engenharia didática	informática			
Di Pinto	Pesquisa documental	Estado da arte				
Figueiredo	Sequência didática	Engenharia didática	aula			
Saraiva	Sequência didática	Teoria das Situações	informática			

Ao observar a tabela acima, notei que, quanto à metodologia empregada, sete foram os pesquisadores que realizaram uma pesquisa experimental. Suas aplicações foram realizadas em sala de aula: duas delas em laboratório de informática – onde se utilizaram recursos de computador – e outras três utilizaram material concreto. Cinco das sete dissertações realizaram uma pesquisa experimental. Houve auxílio de observadores, que buscaram utilizar critérios válidos para detectar o que os estudantes sabem, entendem e podem fazer, de forma a atestar, assim, a veracidade.

Duas dissertações utilizaram-se de recursos computacionais, enquanto cinco delas realizaram estudos históricos e análise de livros didáticos sobre os assuntos tratados para a consecução de seus estudos. Quanto ao uso de computadores, cabe lembrar as observações de Niss (1999, p. 20) sobre a possibilidade de um sistema computacional tornar-se um obstáculo para o aprendizado, uma vez que o estudante pode se distrair ao se preocupar mais com as propriedades do sistema, em detrimento das noções matemáticas a serem apre(e)ndidas. Dessa forma, pesquisas que enfoquem o papel e o impacto da tecnologia da informação no ensino e aprendizagem de matemática são importantes para informar e esclarecer sobre a utilização do computador em sala de aula, de modo a tornar a aprendizagem efetiva.

As aplicações das sequências se deram em diferentes cursos universitários, tais como: Ciências com habilitação em Matemática, Engenharia, Ciências da Computação e curso de licenciatura em Matemática.

Três dissertações realizaram pesquisa documental – dentre elas, duas trataram especificamente do *estado da arte*, abordando apenas um tema específico, qual seja, álgebra linear e geometria analítica. Esses pesquisadores contribuíram sobremaneira para que eu pudesse obter uma visão mais abrangente de meu trabalho durante o balanço da produção discente do Programa de Estudos Pós-Graduados da PUC-SP. Ao procurar mapear os variados temas escolhidos, focando a parte metodológica, pude refletir sobre os diferentes tratamentos utilizados em suas categorizações, suas metodologias e os teóricos que os auxiliaram em suas análises, propiciando, assim, um caminho a ser seguido inicialmente, até que encontrasse minha própria maneira de encaminhar meu trabalho de pesquisa.

A outra pesquisa documental encontrada, melhor dizendo, aquela elaborada por Curi, foi a única que utilizou como tema formação de professores para licenciatura, enfatizando o perfil dos alunos e procurando delinear também o perfil dos professores de matemática, suas concepções e suas competências profissionais. O pesquisador analisou ainda o currículo e sua implementação nos cursos de licenciatura em Matemática. Tais procedimentos são considerados por Niss como objetivos essenciais a serem investigados pelos pesquisadores, na medida em que estes devem ser capazes de imaginar, projetar e implementar um ensino de matemática efetivo – que inclua currículos, organização de sala de aula, modelos de estudo e atividades, etc –, além de analisar a influência das experiências profissionais dos professores, suas crenças e educação, servindo para tornar o aprendizado satisfatório (NISS, 1999, p. 8).

Os autores, segundo suas próprias declarações, conseguiram alcançar o objetivo proposto em suas pesquisas, sendo que apenas dois declararam atingi-lo parcialmente. Esse fato absolutamente não invalida a pesquisa, pois nem sempre é possível atingir todos os resultados almejados. Tais afirmações estão em consonância com as observações descritas por Niss ao enumerar uma série de "tarefas" que deve ser considerada para viabilizar os objetivos perseguidos quando os pesquisadores devem investigar as propriedades e os efeitos dos métodos utilizados em Educação Matemática, enfatizando a habilidade de fornecer critérios que busquem diagnosticar o processo de aquisição dos alunos envolvidos (NISS, 1999, p. 8).

Resta ainda comentar que a afirmação de Niss (1999, p. 18) sobre a existência de poucas pesquisas sobre noções de prova e demonstração existentes fica comprovada neste estudo, uma vez que nenhuma das dissertações apresentadas versou sobre esse tema.

Buscando ainda evidenciar aspectos relevantes verificados no decorrer deste estudo, considerei conveniente apresentar outra tabela, relativa às atividades de pesquisa caracterizadas por Romberg, classificando os dados encontrados de acordo com estas atividades, uma vez que foram de fundamental importância para um maior aprofundamento nas análises das dissertações que são esmiuçadas neste livro.

Para tanto, a tabela a seguir apresenta, dispostos em suas linhas, os nomes dos autores envolvidos na pesquisa. As atividades, numeradas de 1 a 10, encontram-se em colunas. Para se identificar as atividades numeradas, logo a seguir encontra-se uma legenda, apresentando o significado de cada uma delas.

quadro 4
Atividades de pesquisa segundo Romberg

AUTORES	ATIVIDADES											
	1	2	3	4		5	6	7	8		9	10	
				Q	C				T	P		E	P
CAVALCA													
OLIVEIRA													
BARBOSA													
MUNHOZ													
CELESTINO													
CURI													
DALL'ANESE													
DI PINTO													
FIGUEIREDO													
SARAIVA													

Atividade 1 – Identificar um fenômeno de interesse.
Atividade 2 – Construir um modelo provisório.
Atividade 3 – Relacionar o fenômeno e o modelo a ideias de outros.
Atividade 4 – Fazer questões específicas ou fazer uma conjectura argumentada.
Atividade 5 – Selecionar uma estratégia de pesquisa geral para a coleta de dados.
Atividade 6 – Selecionar procedimentos específicos.
Atividade 7 – Coleta de informação.
Atividade 8 – Interpretação das informações coletadas.
Atividade 9 – Transmissão dos resultados aos outros.
Atividade 10 – Antecipar as ações de outros.

Esclareço ainda que a atividade 4 foi por mim subdividida em duas partes – a indicada por "Q" diz respeito ao objetivo da pesquisa e a assinalada com "C" refere-se às conjecturas levantadas pelo autor antes de declarar seu objetivo. Também na atividade 8, indico por "T" os autores que declararam ter alcançado totalmente seus objetivos e registro um "P" quando anunciam tê-los atingido apenas parcialmente. Já na atividade 10, a letra "E" denota que os autores deixaram em aberto questões para o ensino, enquanto que a letra "P" se refere a questões deixadas para outras pesquisas.

De acordo com o quadro acima, pode-se perceber que as atividades 1, 3, 4 "Q", 6, 7 e 9, descritas por Romberg, foram consolidadas em todas as obras analisadas, ou seja, todos os pesquisadores apresentaram seus fenômenos de interesse, fizeram interlocução com outros estudiosos sobre o assunto, determinaram seus objetivos de pesquisa, selecionaram procedimentos específicos, procederam à respectiva coleta de dados e, por fim, informaram, aos membros da comunidade acadêmica, os resultados por eles obtidos.

A segunda atividade de pesquisa, "construir um modelo provisório", não foi apresentada por nenhuma das obras analisadas.

Quanto à atividade 4, embora todos os autores tenham declarado seus objetivos de pesquisa, Barbosa, Celestino e Curi não levantaram explicitamente conjecturas argumentadas antes de apresentarem seus objetivos.

Observando-se a coluna 5, referente à seleção de uma estratégia de pesquisa geral que permita, ao pesquisador, a coleta de dados, verifica-se que Celestino realizou uma pesquisa documental, do tipo estado da arte, fato que se encontra implícito em seu trabalho. Saraiva, também quanto a tal atividade, nada explicita, porém, ao longo do texto, fica evidente que o autor utilizou recursos próprios de uma engenharia didática.

Das obras analisadas, as de Barbosa e Saraiva declararam que atingiram apenas parcialmente o objetivo proposto. Barbosa, em suas considerações finais, indicou de certa forma que a sequência elaborada não esclareceu devidamente a conversão da linguagem natural, pseudocódigo, objetivada pela pesquisa; Saraiva, por sua vez, concluiu que a sequência aplicada possibilitou a evolução dos conhecimentos dos alunos, no que diz respeito à interpretação gráfica de limite.

É importante notar que todos eles fizeram sugestões de ensino ou de pesquisa. Cavalca, Barbosa e Dall'Anese sugeriram questões para serem investigadas em pesquisas futuras.

Por outro lado, Celestino e Saraiva, apesar de indicarem novos rumos que podem ser seguidos em atividades de ensino, não o fizeram em relação às futuras pesquisas. Para Romberg, em sua décima atividade, indicar novos caminhos de pesquisa permite que o estudo em questão se situe em uma cadeia de investigação, além de promover, entre os membros da comunidade acadêmica, oportunidade de troca de ideias, modificações de estudos anteriores e elaboração de variados procedimentos.

Uma das contribuições desta obra é diagnosticar e analisar as pesquisas sobre processo de ensino e aprendizagem de matemática, como forma de dar condições para que professores interessados no ensino superior possam implementar elementos que tragam modificações satisfatórias.

Após ter apresentado as principais características dessas dez obras, de acordo com a metodologia, englobando as atividades 5, 6 e 7, concluo com a seguinte categorização:

quadro 5

Engenharia didática	6
Estados da arte	2
Teoria das situações	1
Avaliação de curso	1
Total	10

É natural que os dados apresentados possam sugerir outros tipos de categorizações, como o feito por Fiorentini, a partir de temas. Dada a riqueza de possibilidades de análise propiciada pelas atividades sugeridas por Romberg, considero que o objetivo de minha pesquisa foi atingido.

À luz destas considerações, sugiro que outros pesquisadores, em seus trabalhos, utilizem-se das atividades de pesquisa descritas por Romberg e dos ensinamentos propiciados por Niss, pois acredito que suas teorias, quando investigadas e confrontadas com outros resultados de pesquisa já consolidados, poderão descortinar novos questionamentos que podem contribuir para um mais amplo esclarecimento sobre as atividades de pesquisa que devem ser almejadas por pesquisadores e docentes, profissionais que desenvolvem seu trabalho na área de Educação Matemática.

Sempre haverá algo a escrever, a estudar, a aperfeiçoar, porque toda atividade humana associada à pesquisa é provisória, inconclusa e parcial, cabendo a mim, em razão daquilo que me propus realizar, colocar um ponto final.

REFERÊNCIAS

ADDA, Josette. A Glance over the evolution of research in mathematics education. In: *Mathematics education as a research domain:* a search for identity. Grã-Bretanha, Ed. Kluwer Academic Publishers, 1998. p. 49-56.

BARBOSA, Lisbete Madsen. *Ensino de Algoritmos em cursos de computação.* 1999. Dissertação (Mestrado em Ensino de Matemática) – Pontifícia Universidade Católica de São Paulo, São Paulo.

CAVALCA, Antonio de Pádua Vilella. *Espaço e Representação Gráfica:* Visualização e Interpretação. 1997. Dissertação (Mestrado em Ensino de Matemática) – Pontifícia Universidade Católica de São Paulo, São Paulo.

CELESTINO, Marcos Roberto. *Ensino-aprendizagem da álgebra:* as pesquisas brasileiras na década de 90. 2000. Dissertação (Mestrado em Educação Matemática) – Pontifícia Universidade Católica de São Paulo, São Paulo.

CURI, Edda. *Formação de Professores de Matemática:* realidade presente e perspectivas futuras. 2000. Dissertação (Mestrado em Educação Matemática) – Pontifícia Universidade Católica de São Paulo, São Paulo.

DALL'ANESE, Claudio. *Conceito de Derivada:* Uma proposta para seu ensino e aprendizagem. 2000. Dissertação (Mestrado em Educação Matemática) – Pontifícia Universidade Católica de São Paulo, São Paulo.

DI PINTO, Marco Antonio. *Ensino e Aprendizagem da Geometria Analítica:* As pesquisas brasileiras na década de 90.

2000. Dissertação (Mestrado em Educação Matemática) – Pontifícia Universidade Católica de São Paulo, São Paulo.

FIGUEIREDO, Aurilluci de Carvalho. *Probabilidade condicional:* Um enfoque de seu ensino-aprendizagem. 2000. Dissertação (Mestrado em Educação Matemática) – Pontifícia Universidade Católica de São Paulo, São Paulo.

FIORENTINI, Dario. *Tendências temáticas e metodológicas da pesquisa em Educação Matemática no Brasil.* Artigo publicado nos anais do I Encontro Paulista de Educação Matemática, 1989, p. 186-193.

LEDER, Gilah C. The aims of research. In: *Mathematics education as a research domain:* a search for identity. Grã-Bretanha, Ed. Kluwer Academic Publishers, 1998. p. 131-139.

MESSINA, Graciela. Investigación en o investigación acerca de la formación docente: un estado del arte en los noventa. *Revista Iberoamericana de educación.* N.º 19 (1999).

MUNHOZ, Marcos. *A Impregnação do Sentido Cotidiano de Termos Geométricos no Ensino e Aprendizagem da Geometria Analítica.* 1999. Dissertação (Mestrado em Educação Matemática) – Pontifícia Universidade Católica de São Paulo, São Paulo.

NISS, Mogens. Aspects of the nature and state of research in Mathematics Education. *Educational Studies in Mathematics,* n.º 40, 1999, p. 1-24.

OLIVEIRA, Nanci. *Conceito de Função:* Uma abordagem do processo Ensino-Aprendizagem. 1997. Dissertação (Mestrado em Educação Matemática) – Pontifícia Universidade Católica de São Paulo, São Paulo.

ROMBERG, Thomas A. Perspectives on Scholarship and Research Methods. In: GROUWS, Douglas A. *Handbook of research on Mathematics teaching and learning.* University of Wisconsin. 1992, p. 49-64.

SARAIVA, Ronaldo Penna. *Novas Tecnologias no Ensino do conceito de Limite de Função.* 2000. Dissertação (Mestrado em Educação Matemática) – Pontifícia Universidade Católica de São Paulo, São Paulo.

Título	Educação Matemática:
	Um estado da arte
Autor	Benedito Afonso Pinto Junho
Coordenação Editorial	Kátia Ayache
Capa	Matheus de Alexandro
Projeto Gráfico	Fernanda Copelli Branco
Preparação	Elisa Santoro
Revisão	Rogério Lobo Sáber
Formato	14 x 21 cm
Número de Páginas	144
Tipografia	Life BT
Papel	Alta Alvura Alcalino
Impressão	Prol Gráfica
1ª Edição	Outubro de 2011

Caro Leitor,

Esperamos que esta obra tenha correspondido às suas expectativas.

Compartilhe conosco suas dúvidas e sugestões escrevendo para:

autor@pacoeditorial.com.br

Compre outros títulos em
WWW.LIVRARIADAPACO.COM.BR

PACO EDITORIAL

Rua 23 de Maio, 542 - Piso Superior
Vianelo - Jundiaí-SP - 13207-070
11 4521-6315 | 2449-0740
contato@editorialpaco.com.br